La nouvelle Élite

Sandrine Godefroy-Evangelista

La nouvelle Élite

Les nouveaux modèles de leadership à impact

bb4books

Sommaire

Préface

Je suis une enfant du système.

J'ai suivi des études très classiques. Lycée privé, grande école.

Mon master 2 en poche, j'étais comme tous ceux de ma promo et de ma génération : je rêvais d'un CDI. C'était le Saint-Graal, l'objectif ultime. Le bonheur assuré.

Pour mon stage de fin d'études, j'ai décidé d'aller aux États-Unis. Je ne le savais pas encore, mais cette expérience allait changer ma vie à jamais.

Quand j'ai débarqué à New York à 21 ans, j'ai commencé à côtoyer des artistes, des expatriés, toute une communauté de gens qui ne ressemblaient pas du tout aux personnes de mon cercle en France.

Et là, j'ai pris une énorme claque. Je me suis rendu compte que j'étais un pion du système, que j'avais une pensée très conforme, que j'étais beaucoup dans le jugement y compris envers moi-même et que je n'avais pas un esprit très ouvert. J'ai commencé à faire sauter des verrous et à oser dire et faire des choses.

J'ai compris une chose essentielle, l'élément qui a changé ma vie : les gens ne m'aimaient pas moins si j'étais moi-même. Jusqu'alors, j'étais prise dans un cercle vicieux : je me censurais pour me conformer à ce qu'on attendait de moi et je n'attirais pas les bonnes personnes.

Cette expérience américaine m'a appris une leçon dont je me sers encore aujourd'hui tous les jours : être soi-même crée un filtre extraordinaire.

Oui, ça fait du tri et c'est tant mieux !

On ne peut pas plaire à tout le monde. Ceux qui ne vous aiment pas passent leur chemin. Ce n'est pas grave. C'est sain.

Et je pense que c'est un message très important à faire passer aux femmes. Mesdames, osez être vous-mêmes. Osez vous respecter et osez assumer vos envies.

Il existe encore une énorme différence entre les hommes et les femmes. Je le vois avec mon podcast *Marketing Square* pour lequel je reçois beaucoup plus de demandes d'hommes que de femmes pour y être invités.

Lorsque je vais moi-même chercher des femmes pour leur expertise, elles me redirigent souvent vers un homme. Elles pensent ne pas être assez légitimes. Les hommes frappent à la porte et affirment leur assertivité. Les femmes n'osent pas toucher la poignée et préfèrent se cacher.

Or c'est le bon moment pour sortir de sa zone de confort, car il y a de plus en plus d'opportunités pour se montrer et prendre la parole.

Avant, il fallait faire partie du bon réseau. Aujourd'hui, on construit son réseau à son image. Avant, il fallait être acceptée par les médias, aujourd'hui on crée son propre canal.

Si on veut sortir de sa zone de confort, on peut le faire. Et on le fait.

Avoir du leadership dans le monde actuel, c'est se diriger soi-même. C'est oser dire non, apprendre à se connaître, c'est poser ses limites et c'est surtout inspirer les autres.

La nouvelle élite est celle du cœur. C'est celle qui ose se connecter à sa spiritualité.

Celle qui se permet d'être à l'écoute de soi.

C'est celle qui se confronte à ses croyances limitantes.

C'est celle qui se challenge, qui se fait coacher, accompagner pour repousser ses limites.

Celle qui a envie de changer le système pour rendre le monde meilleur.

Caroline MIGNAUX

Introduction

Il n'y a pas de planète B.
Mais il y a des indépendants, des entrepreneurs, des dirigeants B.
Ce sont des femmes.

Le monde est en évolution. Chaque semaine, un événement vient chambouler le monde. Dorénavant, s'il y a une chose que l'on peut anticiper, c'est qu'il faut être capable de prévoir l'imprévisible. Le monde a besoin de personnes capables de s'adapter et de créer des solutions rapidement. Le monde a donc besoin de leaders.

Les leaders sont des personnes que l'on a envie de suivre. On les écoute et on les respecte. Ils ont la capacité d'influencer, de motiver, de rendre les autres capables de dépasser leurs limites. Ils occupent un rôle prépondérant et ont le pouvoir de faire bouger les lignes.

En entreprise, les profils sont variés. Ce sont des indépendants, des entrepreneurs, des managers, des directeurs ou des cadres supérieurs. On peut les trouver dans n'importe quel domaine ou secteur. Mais ils ont souvent une chose en commun : ce sont des hommes.

Les femmes n'osent pas prendre une place de leader. Pire, elles sont de plus en plus nombreuses à quitter leur entreprise : pour chaque femme directrice promue au niveau supérieur, deux femmes directrices choisissent de quitter leur entreprise.

D'où vient une telle situation ?

La société n'est pas tendre avec les femmes. Elle s'est construite de codes patriarcaux souvent évidents, mais parfois respectés de manière inconsciente (y compris par les femmes). Les femmes sont souvent tiraillées entre l'envie de faire une belle carrière et celle d'être mères. Les inégalités sont là : les femmes gagnent en moyenne 24,4 % de moins en revenu salarial et 15,5 % de moins en équivalent temps plein que les hommes.

Personne ne peut nier ces faits et chacune a le droit de faire les choix qu'elle veut. Mais si toutes les femmes quittent l'entreprise quand les sacrifices consentis sont disproportionnés par rapport aux obstacles à surmonter, comment espérer que les règles du jeu changent ?

Si les mêmes personnes restent les leaders, le monde obtiendra les mêmes résultats.

Le monde en général – et celui de l'entreprise en particulier – a besoin de la diversité de profils et d'inclusivité. Le monde a besoin des talents des femmes.

Car, oui, les femmes ont du talent. Beaucoup plus qu'elles ne le pensent.

C'est bien là le premier problème : les femmes n'ont pas confiance en elles et en leurs capacités et sont donc les championnes de l'autosabotage. Un poste les intéresse, mais elles ne cochent que 80 % des cases ? Elles ne postulent pas. Au même moment, leurs collègues masculins, qui eux ne cochent que 60 % des cases, ne se posent pas la question. Ils postulent.

En entreprise, les femmes se sentent souvent en décalage et le vivent très mal. Elles ont l'impression de déranger et ne comprennent pas toujours les réactions de leurs collègues. Et c'est tout à fait normal ! Les femmes ont très souvent des profils atypiques : elles ont un parcours professionnel non linéaire, tout comme leur mode de pensée qui est plus analytique que séquentiel.

Toute leur vie, elles essayeront de se couler dans un moule, que ce soit celui de l'élève parfaite qui lève la main avant de prendre la parole ou celui de l'employée modèle qui fait bien son travail et attend sagement la récompense. Mais ces cases ne sont pas faites pour elles. Elles ont été créées et modelées selon des codes patriarcaux. Rien d'étonnant alors à ce que cela procure de l'incompréhension et de la souffrance.

Mais les choses ont changé. Depuis la crise du COVID et la pandémie, les entreprises ont bien compris que pour survivre, elles doivent s'adapter et faire preuve de flexibilité. Pour faire face à ces changements incessants, elles ont besoin de profils atypiques. Et c'est là que le rôle des femmes intervient.

Elles ont un rôle clé à jouer dans le monde professionnel, quel que soit leur statut (indépendantes, entrepreneures ou salariées). Elles possèdent les compétences nécessaires pour briser les codes et faire bouger les lignes. Elles ont une forte responsabilité dans l'avenir de la société.

Je sais que les épaules des femmes sont déjà bien chargées et que l'usure face aux challenges inégaux est bien réelle. Nous ne vivons pas dans un monde parfait. Alors, que faire ? Être en colère permanente contre ce système ou essayer de jouer avec les règles qu'il nous propose ? Et les faire changer de l'intérieur.

Le but pour nous les femmes est de faire preuve de créativité, de faire face à la contrainte tout en respectant notre éthique. Nous devons prendre notre place de leaders si nous voulons que le monde change. Nous pouvons créer un autre chemin, ensemble, celui de notre job de cœur.

Coacher une femme revient à coacher tout un écosystème, car une femme qui a appris quelque chose va vouloir le transmettre à tout son entourage. Voilà pourquoi je m'adresse à elles : je veux avoir le plus grand impact possible sur la société. Si j'aide les femmes à dépasser leurs souffrances, je sais que c'est le monde dans son ensemble qui se portera mieux.

Dans ce livre, je vais :

- donner aux femmes des clés concrètes pour qu'elles puissent trouver leur place professionnelle de cœur
- faire grandir leur leadership organique
- redéfinir ce que signifie "atypique" et "haut potentiel" pour mieux vivre leurs différences et oser être elles-mêmes
- leur donner les clés de compréhension du monde de l'entreprise pour qu'elles ne le subissent plus
- les aider à redéfinir la notion de réussite durable
- les accompagner à préciser leur identité professionnelle authentique

Mesdames, il est temps de déployer vos ailes et de devenir les leaders dont le monde a besoin.

PARTIE 1

État des lieux des femmes au travail

L'autosabotage : un sport féminin ?

Les femmes sont leur pire ennemi. Que ce soit entre elles ou envers elles-mêmes, les femmes ne sont souvent pas tendres. La plupart du temps, cette attitude n'est pas consciente. Elle est le fruit de biais et de stéréotypes de genre que la société aime entretenir et cultiver. Et malheureusement, c'est souvent dans le monde du travail que cet autosabotage se fait le plus sentir, ce qui représente un frein pour la carrière des femmes.

L'autosabotage, c'est s'interdire de réussir. C'est prendre des décisions qui vont à l'encontre de son bonheur. Par exemple, arriver en retard à un entretien d'embauche ou se mettre en couple avec la mauvaise personne. Les raisons de l'autosabotage sont multiples, mais elles prennent souvent racine dans un manque de confiance en soi et une faible estime de soi.

Les femmes sont très douées pour l'autosabotage, principalement dans le cadre professionnel. Depuis leur plus jeune âge et leur rôle de petites filles sages, elles prennent l'habitude de se limiter et de limiter leurs ambitions.

L'autosabotage est souvent inconscient. La première étape pour le dépasser est d'identifier ce mécanisme qui se présente sous différentes formes.

Le syndrome de la bonne élève

Une petite fille, c'est sage. Une petite fille, ça lève la main en classe pour répondre et ça ne fait pas de bruit. Une petite fille, ça travaille bien et ça obtient de bonnes notes, car l'adulte voit qu'elle s'applique et la récompense en conséquence. Ce constat n'est pas qu'une image d'Épinal surannée.

Selon les chiffres (1) du ministère de l'Éducation nationale et de la Jeunesse, publiés en mars 2022, on compte 92 % de bachelières pour 82 % de bacheliers en France. Les évaluations internationales le prouvent, comme celle du PIRLS (2) de 2016 qui témoigne qu'en France les filles en CM1 sont plus performantes en compréhension de l'écrit (3). Dans l'enseignement supérieur, plus de la moitié (54 %) des jeunes femmes en sont diplômées contre à peine 43 % des jeunes hommes.

C'est formidable ! Et c'est prouvé noir sur blanc : les filles réussissent mieux que les garçons. C'est certainement un très bon présage pour la suite de leur carrière, non ?

Malheureusement, c'est tout le contraire.

Le système scolaire est ainsi fait qu'il valorise les enfants qui respectent les règles du jeu : lever la main, apprendre ses leçons par cœur, être obéissant, se taire en classe et attendre que l'on nous donne la parole. De plus, toute erreur est sanctionnée par un retrait de points sur la note. C'est un moule structurant dans lequel l'enfant doit rentrer à la perfection sous peine de représailles. Et à ce jeu-là, les filles sont les plus fortes. Auraient- elles des prédispositions innées à la réussite scolaire ?

De nombreux scientifiques ont tenté de trouver le gène de l'intelligence ou bien un câblage neuronal qui serait différent chez les filles et qui pourrait expliquer leurs meilleurs résultats scolaires. Mais un jour, le couperet est tombé : *"les capacités biologiques cérébrales sont identiques pour les deux genres, garçons et filles ont les mêmes aptitudes"*, confirme Catherine Vidal, neurobiologiste et directrice de recherche à l'Institut Pasteur. Et elle ajoute : *"Pour expliquer les différences, il faut se référer aux stéréotypes socioculturels et aux comportements qui en découlent."* (4)

La vision binaire du bien et du mal inculquée dès le plus jeune âge sur les bancs de l'école est renforcée par la pression de la société. Dès la naissance, les filles sont étiquetées comme plus sages, moins remuantes, plus obéissantes que les garçons. Ça tombe bien ! La société dans son ensemble valorise un tel comportement. Les parents sont ravis d'avoir une enfant calme et obéissante. L'école donne de bonnes notes aux enfants qui respectent les règles. Donc, durant leur enfance, les filles voient leur comportement félicité, encouragé.

Elles se disent qu'en grandissant, ce sera la même chose : quand elles participeront à une réunion, elles n'auront qu'à lever la main pour prendre la parole. Et puis, si elles travaillent bien leurs dossiers, elles auront le droit à de belles promotions. Sauf que la réalité est bien différente.

Une fois dans le monde du travail, les femmes subissent une profonde désillusion. Elles vont reproduire le schéma qui les a conduites jusque-là : travailler dur, se surpasser, se surinvestir, répondre le mieux possible aux missions qui leur sont confiées, attendre qu'on leur donne la parole… mais rien ne se passe comme prévu.

Ce n'est pas elles qui obtiennent les promotions, mais leurs collègues masculins qui ne se donnent pas forcément à 100 %. Lors des réunions, elles sont interrompues, et pire, leurs idées sont "volées" par leurs homologues masculins. Si on était encore à l'école, la maîtresse aurait remis de l'ordre dans tout ça ! Mais le monde de l'entreprise n'est pas l'école. Les règles changent. Et le syndrome de la bonne élève devient un frein plutôt qu'un moteur.

Témoignage de Natacha Hochet-Raab, Directrice générale de la maison de joaillerie Fred.

« *Le syndrome de la bonne élève est important, sans conteste. Ensuite, selon son enfance et de son vécu personnel, il existe une réponse naturelle. Ou plutôt naturellement acquise.*

Sortir, se confronter à soi-même afin de s'affirmer, pour se comprendre. Il y a un pas à franchir qui est important. On ne nous attend pas. Et on ne vient pas nous chercher.
Oser prendre la parole pour s'imposer, c'est extrêmement dur.

C'est là, en ce qui me concerne, que l'autocensure a été la plus importante. Je ne me suis pas autorisée à exprimer clairement mon ambition, alors que je me sentais totalement prête.

Je me suis autolimitée en me disant que peut-être ce n'est pas complètement cela et qu'il faut attendre le bon moment. Souffrir du syndrome de la bonne élève, en me disant, quand même c'est peut-être un peu rapide ou qu'il faudrait attendre que l'environnement évolue davantage, être sûre que tout l'écosystème soit prêt. Là où, probablement, un homme y serait allé directement et ne se serait pas bridé.

Donc, ce n'est pas complètement douter de soi, mais c'est aussi douter du moment.
Ou de ne pas se donner complètement la capacité d'exprimer ce que l'on ressent. »

L'anxiété de la performance parfaite à laquelle vient se greffer la rancœur de ne pas se sentir reconnue à sa juste valeur mène à un mal-être qui peut devenir l'antichambre du burnout.

Le complexe de Cendrillon

"Un jour, mon sauveur viendra, un jour, il me donnera la promotion que je mérite..."

Quelle petite fille n'a jamais lu de contes de fées ou vu une adaptation en dessin animé ? Résumer un conte de fées est très simple : une princesse en détresse attend qu'un prince charmant vienne la sauver. Ils se marient, ont beaucoup d'enfants. Point. Ces contes sont remplis de stéréotypes : la princesse est belle et effacée, mais elle est surtout incapable de se débrouiller par elle-même.

Si vous n'avez jamais entendu parler du "complexe de Cendrillon", sachez qu'il n'est pas récent. C'est l'auteure Colette Dowling qui, en 1981, a inventé ce terme dans son livre du même nom. Selon elle, de nombreuses femmes grandissent en s'attendant à ce qu'un homme – un "prince charmant" – réponde à tous leurs besoins financiers.

"Les femmes sont élevées pour dépendre d'un homme et pour se sentir nues et effrayées sans lui", écrit Dowling dans un article du New York Times Magazine. "On nous a appris à croire qu'en tant que femmes, nous ne pouvons pas nous débrouiller seules, que nous sommes trop fragiles, trop délicates, trop nécessiteuses de protection." (5)

Si l'on n'a pas de mal à imaginer l'impact que peut avoir ce complexe dans la vie privée d'une femme (dépendance affective, besoin prégnant d'un apport de sécurité et de sûreté par un homme), les conséquences sur la vie professionnelle d'une femme ne sont pas à négliger.

La femme, qui fait tout ce que l'on attend d'elle, mais qui n'obtient pas la reconnaissance qu'elle estime mériter, peut être amenée à fantasmer son "prince charmant". Ce cadre supérieur qui, ayant reconnu sa valeur pour l'organisation, la cherche et pose la pantoufle de verre de la promotion sur son pied. Et ils vécurent heureux... Non, ça, c'est une autre histoire. Et c'est bien là le problème.

Nous l'avons vu, les femmes n'ont pas l'habitude de se faire remarquer et pensent que leurs efforts seront forcément récompensés, comme à l'école. Parler de manière positive de leurs réalisations et de leurs ambitions est contraire à leurs valeurs et leur éducation. Alors, telle Cendrillon, elles attendent... en vain. Elles se rendent compte que le travail acharné et les grandes performances ne suffisent pas, à eux seuls, à leur apporter la reconnaissance si chère à leurs yeux. De cette situation naît un sentiment d'injustice et de frustration qui devient vite invivable.

Le syndrome du grand coquelicot

Dans notre société, il ne faut surtout pas sortir du lot. Les gens trop riches sont suspects. Ceux qui sont trop beaux sont jalousés. Trop de succès ? On le minimise. Si ce constat est vrai pour tout le monde, il est encore plus cruel pour les femmes. Une étude menée par la chercheuse Rumeet Billan sur une population de femmes a révélé que 87,3 % d'entre elles avaient déjà subi des remarques désobligeantes et dépréciatives, de la méfiance, de l'exclusion sociale, du harcèlement moral, des comportements agressifs, et qu'elles avaient été critiquées et discréditées, quand elles avaient rencontré du succès dans leur carrière ou leur activité (6) . Ce phénomène a un nom : le syndrome du grand coquelicot.

Le syndrome du grand coquelicot n'est pas nouveau. Il tire son origine de l'Antiquité et plus précisément d'une histoire racontée par l'historien Tite-Live à propos du roi Tarquin le fier, un tyran de la Rome antique. Sextus, le fils de Tarquin, était en train d'infiltrer les dirigeants d'une ville voisine et demanda à son père ce qu'il devait faire ensuite. Tarquin n'a rien dit, mais est allé dans son jardin et a coupé les têtes de tous les plus grands coquelicots avec son épée. Sextus en déduisit qu'il devait supprimer les principaux aristocrates de la ville, ce qu'il fit. Rome ne rencontra ensuite plus aucune résistance.

Mais c'est en Australie que le terme, "tall poppy syndrome", a été popularisé. Et si de nos jours, on ne coupe plus les têtes, les représailles sont plus pernicieuses. Critiques, dénigrement, jalousie, tels sont les comportements auxquels les femmes doivent faire face. Mais pourquoi les femmes sont-elles plus les cibles de telles attaques ?

Toujours selon l'étude de Rumeet Billan, les raisons sont multiples : jalousie, envie, sexisme, misogynie internalisée, stéréotypes de genre... malheureusement, force est de constater que cette attitude est souvent celle des femmes. Dans leur livre *En Finir avec la Rivalité Féminine*, Elisabeth Cadoche et Anne de Montarlot exposent les résultats d'une étude Gallup de 2009 menée auprès de 2 059 adultes aux États-Unis qui révèlent que "les hommes comme les femmes préfèrent un patron. [Mais] les femmes sont plus susceptibles d'avoir une préférence. 63 % des femmes ont exprimé une préférence pour un patron homme, contre 52 % des hommes." (7)

Comment expliquer un tel phénomène ? Une femme a encore moins le droit de sortir du lot. Une femme ne doit pas penser à elle, elle ne doit pas briller, mais doit mettre toute son énergie à aider les autres. Une femme n'a pas le droit d'être ambitieuse, car l'ambition est synonyme d'égoïsme. S'ajoute à cela le fait que la rivalité féminine est partout, dans les films, les séries, les émissions de télévision.

Le regard masculin – ou male gaze en anglais – exacerbe cette tendance à se comparer les unes aux autres : laquelle remportera le trophée de l'élue de ces messieurs ? Elisabeth Cadoche et Anne de Montarlot rappellent que cette rivalité est présente dès l'enfance des jeunes filles, notamment dans les contes de fées (encore eux) : "Miroir, mon beau miroir, dis-moi qui est la plus belle ?" Nous avons grandi avec l'histoire de Blanche-Neige que sa marâtre veut faire assassiner parce qu'elle menace de lui faire perdre son titre de beauté. Comment ne pas intégrer une dimension de rivalité quand elle fait si précocement partie de notre culture ?

Les femmes qui jalousent leurs consœurs ne se rendent, souvent, même pas compte de leur comportement. Mais le résultat peut être terrible. Les victimes perdent confiance en elles, se remettent en question, se sous-estiment. Cela peut aller jusqu'à provoquer des troubles anxieux et déclencher d'autres syndromes, comme celui de l'imposteur dont nous reparlerons. Et lorsque le dernier domino de la confiance en soi tombe et que la souffrance devient trop lourde, les femmes peuvent aller jusqu'à démissionner et se mettre en retrait professionnellement.

Le syndrome d'Icare

Le syndrome ou complexe d'Icare a deux définitions qui impactent l'une comme l'autre les carrières des femmes.

Commençons par une histoire. Dans la mythologie grecque, Icare est le fils de Dédale, l'architecte du roi Minos, qui a construit le palais du labyrinthe pour y enfermer le Minotaure. Disons que les choses ne se passèrent pas tout à fait comme prévu et que le roi, furieux, enferma Dédale et Icare dans le labyrinthe pour les punir. Ne pouvant emprunter ni la voie des mers, que Minos contrôlait, ni celle de la terre, Dédale eut l'idée, pour fuir, de fabriquer des ailes semblables à celles des oiseaux, confectionnées avec de la cire et des plumes. Il mit en garde son fils de ne pas s'approcher trop près du soleil, pour ne pas faire fondre la cire. Logique. Mais Icare, grisé par son nouveau pouvoir et rêvant d'être le premier homme à s'approcher aussi près du roi des astres, n'écouta pas son père. Ce qui devait arriver arriva : la cire fondit et Icare, chutant dans la mer, se tua.

De cette légende est né le complexe d'Icare qui, en psychologie, revêt deux réalités. La première correspond aux personnes, tellement enivrées par le pouvoir qu'elles sont incapables de faire preuve d'autocritique. Comme Icare qui a refusé d'écouter son père, elles sont souvent arrogantes et sûres d'elles-mêmes. On imagine sans peine ce que cela peut donner pour des managers ou autres dirigeants. Ces derniers lancent des projets trop ambitieux qui n'aboutissent pas, causant ainsi du tort à eux-mêmes et aux autres. Nourris par l'excitation, ces dirigeants sont incapables de maîtriser leur ambition avant qu'il ne soit trop tard. Si les hommes sont encouragés dès le plus jeune âge à être ambitieux et peuvent donc être touchés par cet excès de confiance en eux, les femmes ne sont pas épargnées. Dans un monde qui valorise la sororité, parler de la rivalité entre les femmes est encore tabou, mais c'est une réalité qu'il ne faut pas ignorer.

Lors de mes coachings, j'accompagne beaucoup de femmes qui ont malheureusement subi des pressions venant de femmes managers toxiques.

Il est important de ne pas nier ce fait, au risque de laisser des femmes subir des situations invivables.
Je ne vais pas tenter d'expliquer pourquoi les femmes souffrent du syndrome d'Icare. Les raisons sont multiples. Sans doute perdure-t-il un reliquat de misogynie intériorisée...

Mais le syndrome d'Icare peut aussi se référer à une réalité inverse. Celle de personnes n'osant pas s'élever trop haut, et qui, pour ne pas connaître le sort néfaste d'Icare, préfèrent "voler" plus bas afin de ne pas se brûler les ailes. Dans son livre, *La Supercherie d'Icare*, Seth Godin revient sur l'impact de la légende sur notre comportement : "Les leçons à tirer de ce mythe ? Ne jamais désobéir à son père, à son chef. Ne jamais s'imaginer que l'on est meilleur que ce que l'on est en réalité, et surtout, surtout, ne jamais penser que l'on peut égaler les dieux."

Nous l'avons vu, les femmes qui font mieux que les autres peuvent subir de la jalousie et des critiques (syndrome du grand coquelicot). Le syndrome d'Icare joue sur les mêmes peurs : surtout ne pas faire preuve de trop d'ambition au risque d'être "punies". Alors les femmes restent en bas, au ras de l'eau, au risque de se noyer dans la routine et l'ennui.

Le syndrome de l'imposteur

"Je ne mérite pas cette promotion. Je ne suis pas à ma place et bientôt, tout le monde le découvrira."

Si vous avez déjà eu ce genre de pensée, vous avez fait l'expérience du syndrome de l'imposteur. Ce syndrome a été identifié pour la première fois en 1978 par les psychologues Pauline Rose Clance et Suzanne Imes. Dans leur article (8), elles ont émis l'hypothèse que les femmes étaient les seules à être touchées par le syndrome de l'imposteur.

Si depuis, plusieurs recherches ont démontré que les hommes étaient autant victimes de ce sentiment d'imposture, il n'en reste pas moins que les femmes (9) sont fréquemment handicapées par cette impression de ne jamais mériter leur place.

Quand on s'intéresse aux traits communs des personnes ressentant ce syndrome de l'imposteur, l'on n'a aucun mal à comprendre pourquoi les femmes en souffrent :

Perfectionnisme : les personnes se fixent des attentes extrêmement élevées, et même si elles atteignent 99 % de leurs objectifs, elles vont quand même se sentir nulles. La moindre erreur les amène à remettre en question leurs propres compétences.

Expertise : elles doivent se sentir expertes dans un domaine pour se lancer. Par exemple, lors d'une recherche d'emploi, si elles ne correspondent pas à 100 % aux critères d'une fiche de poste, elles n'osent pas postuler. (10)

Efforts : si elles doivent travailler dur pour parvenir à leurs objectifs, elles auront l'impression de ne pas être assez douées.

Le plus étonnant est que les femmes souffrant de ce syndrome sont souvent brillantes. Aux yeux de la société et de leurs collègues, tout leur réussit. Mais cela ne suffit pas. Elles sont persuadées qu'un jour, les autres ouvriront enfin les yeux et les verront pour ce qu'elles sont vraiment : des imposteurs. Dans son livre, *En Avant Toutes*, Sheryl Sandberg, la numéro 2 de Meta (anciennement Facebook) revient sur cette situation paradoxale : "Chaque fois que je passais un test, j'étais sûr qu'il s'était mal passé. Et chaque fois que je ne me ridiculisais pas – ou même que j'excellais – je croyais que j'avais encore trompé tout le monde. Un jour, bientôt, cette mascarade s'arrêterait."

La réussite ne fait pas taire la petite voix intérieure qui dit "tu es nulle". Au contraire, elle vient nourrir cette angoisse d'être un jour démasquée.

Alors pour ne pas risquer d'être ridiculisées, ces femmes en font toujours plus. Elles visent la perfection dans tout ce qu'elles font. Rien n'est jamais assez au risque de s'épuiser et d'y laisser leur santé.

Le tabou de l'argent

Parler d'argent lors d'un dîner est plus tabou que de parler de sexe. Essayez de demander à un ami combien il gagne et il y a fort à parier qu'au pire, cela jettera un froid et qu'au mieux, votre ami vous réponde "euh, bah, c'est-à-dire que... je préfère ne pas le dire". Parler d'argent est mal vu et montrer que l'on en a beaucoup est considéré comme une erreur d'éducation. Ça ne se fait pas. La religion catholique y est pour beaucoup, elle qui fait l'éloge de la pauvreté et condamne l'enrichissement facile. En faisant de l'avarice l'un des sept péchés capitaux, l'Église a encouragé les croyants à se détourner de l'argent ou à taire leur richesse pour éviter le châtiment divin. Une autre raison qui explique ce malaise français par rapport à l'argent viendrait de nos origines paysannes, de la vie de dur labeur et du réflexe de cacher son argent sous le matelas, histoire de ne pas attiser la jalousie des voisins.

Nous avons donc un rapport conflictuel avec l'argent en général. Mais pour les femmes, c'est encore plus compliqué. À ces tabous culturels, viennent s'ajouter des biais genrés cultivés par la société.

Une femme qui parle d'argent est mal vue. Elle n'a même pas le droit d'y penser ! Pourquoi ? Parce qu'elle est censée être altruiste et surtout pas individualiste. Comme le dit la journaliste Lucile Quillet :

"Une femme qui pense "argent" n'a pas compris les règles du jeu, elle passe à côté de l'important. C'est un sujet vulgaire et vilain dans leur bouche. Repoussoir même : en gagner plus que son conjoint est souvent mal vécu. Car il est une prérogative masculine, un attribut du pouvoir, qui fortifie l'ego." (11)

Ça tombe bien : dans le monde, les hommes détiennent 50 % de richesses en plus que les femmes. L'écart de salaire moyen entre conjoints est de 42 %. Selon les données d'Eurostat (12), les femmes percevaient en 2020 en France un salaire inférieur de 15,8 % à celui des hommes. Et le COVID n'a pas arrangé les inégalités, bien au contraire.

L'APEC (13) constate que "le déséquilibre des rémunérations persiste". Ainsi, l'écart de rémunération entre femmes et hommes cadres "non seulement ne se réduit pas en 2020, mais au contraire s'est accru." Depuis plus de 10 ans, un écart de rémunération d'environ 15 % est observé entre hommes et femmes cadres, "malgré les dispositifs mis en place pour y remédier. Et la réduction de cette différence en 2019 (de 16 % à 13 %) est suivie d'un retour à 15 % en 2020.

Dans le top 100 des grandes fortunes mondiales, seules 11 sont des femmes. Et aucune n'a bâti sa fortune. Ce sont toutes les filles de ou les femmes de. Elles ont soit hérité de leur fortune, soit reçue lors d'un divorce.

Les femmes sont tenues à l'écart de l'argent et ce n'est pas nouveau. Il est important de rappeler que les femmes n'ont eu le droit d'ouvrir leur propre compte bancaire qu'en 1965 ! Auparavant, elles devaient demander l'autorisation de leurs maris. C'était d'ailleurs la même chose pour signer un contrat de travail : pas d'accord du mari, pas de travail. Et retour à la maison. Car c'est bien de cela dont il s'agissait, tous les moyens étaient bons pour garder les femmes dans la sphère privée, laissant carte blanche à ces messieurs pour parler gros sous.

Cette séparation privée publique peut paraître dépassée, archaïque, mais, dans la réalité, elle est encore très présente. Au sein des couples de 35 à 49 ans, deux femmes sur trois gèrent les comptes du foyer. Ce sont donc elles qui gèrent le quotidien, qui calculent parfois au centime près pour finir le mois, ce sont elles qui comptent les dépenses alimentaires, elles encore qui connaissent les prix des vêtements pour les enfants. Et elles le font bien. Une enquête réalisée en 2019 par Cofidis en collaboration avec l'institut CSA Research montre que les femmes sont bien organisées et font preuve d'anticipation dans la gestion de leur budget : 85 % d'entre elles déclarent planifier le financement de leurs dépenses, dont près de la moitié d'entre elles au moins 6 mois à l'avance (14). Et pourtant, les étiquettes péjoratives collent à la peau des femmes. Elles seraient dépensières, vénales et en prime de très mauvaises gestionnaires. Il n'y a qu'à voir les articles dans les magazines féminins exhortant les lectrices à moins dépenser. Rares sont les articles les encourageant à gagner plus.

Voilà pourquoi, comme le dit Lucile Quillet :

"Nous avons appris à jouer les inaptes, à déléguer les déclarations d'impôts et nous excuser de "poser des questions bêtes" au guichet de la banque, pourtant les femmes font le travail le plus difficile : gérer l'argent quand on en manque, faire advenir celui qui n'existe pas."

Et voilà pourquoi les femmes ont peur de leurs ambitions et d'atteindre les plus hautes marches de l'entreprise. La société n'attend pas d'elles qu'elles gagnent beaucoup d'argent. De plus, elles ont peur de ne pas mériter un salaire important ; elles qui ne pourront/voudront pas rester jusqu'à 20h et sacrifier leur vie de famille, elles aussi qui estiment ne pas avoir toutes les qualités requises de la fiche de poste (rebonjour syndrome de l'imposteur). Les femmes veulent mériter leur salaire en travaillant autant – ou plus – que les hommes. Elles ont du mal à négocier les augmentations, elles disent ne pas savoir "se vendre" (terme qui fait immédiatement remonter des images très connotées) et ont peur de créer des tensions dans leur couple. (15)

Témoignage de Corinne Hardy, Directrice des opérations chez Sanofi et Conseillère du Commerce extérieur de la France.

“ *Je pense que l'argent est encore tabou chez les femmes en 2023. Les femmes qui sortent d'école d'ingénieurs demandent 10 % à 15 % de salaire de moins que les hommes. C'est mesuré, c'est un fait. Et les femmes demandent moins d'augmentation.*

Je pense que ce n'est pas tant la quantité d'argent, mais plus une certaine réticence à ce que l'argent reconnaisse la valeur, et en devienne l'unité de mesure.

C'est le symbolisme de l'argent qui est tabou. Parce que l'argent dans notre société, qu'on le veuille ou non, c'est une marque de reconnaissance et c'est un outil de comparaison. »

Peur du leadership

Je pense ne pas être loin de la vérité en disant qu'il y a à peu près autant de définitions d'un leader qu'il y a de personnes sur terre. Revenons à la base : le dictionnaire.

Leader, nom masculin (premier problème ?)

- Personne qui est à la tête d'un parti politique, d'un mouvement, d'un syndicat
- Personne qui, à l'intérieur d'un groupe, prend la plupart des initiatives, mène les autres membres du groupe, détient le commandement

Rappelons que le mot leader vient bien sûr de l'anglais, langue dans laquelle les noms sont neutres, c'est-à-dire sans genre attitré. Le français a donc décidé de manière arbitraire le genre masculin. Ce qui n'aide pas les femmes à s'emparer du mot.

Le leadership est donc la capacité d'un individu à mener ou conduire d'autres personnes pour atteindre des objectifs. Pour beaucoup, un leader doit pouvoir inspirer, voire influencer. Pour amener tout le monde à le suivre, le leader doit savoir motiver ses troupes. Mais attention ! Il n'impose pas ses règles. Il fait en sorte que les autres adhèrent à ses préceptes pour les suivre de leur propre volonté.

Le leadership, c'est donc savoir embarquer les autres, mais sans tomber dans l'extrême. Pour y parvenir, il faut comprendre les codes des personnes que l'on veut amener avec soi. Plus on les comprend et plus ils adhèrent à notre message. Cette confusion entre imposer sa vision et amener les autres à y adhérer de leur plein gré est ce qui bloque les femmes à oser devenir des leaders.

En effet, les femmes confondent souvent leadership et pouvoir. Si le leadership est une forme de pouvoir, ce n'est pas celui que les femmes ont en tête et c'est normal. Demandez à n'importe qui quelle image lui vient à l'esprit quand il entend le mot leader et dans 99 % des cas, ce sera celle d'un homme (si possible blanc et imposant). Mais la genrification du mot n'est pas la seule raison.

La société dans son ensemble n'autorise pas les femmes à diriger. Elles sont censées penser aux autres et ne pas être égoïstes. Une femme se doit d'être altruiste et ne doit pas être ambitieuse. Alors, devenir leader, vous n'y pensez pas.

Comme la société attend un certain comportement des femmes, elles ont peur des critiques si elles osent sortir des cases créées pour elles. Elles craignent également les obstacles qu'elles devront franchir dans le monde de l'entreprise où règnent encore les codes masculins.

De fait, elles ont peur de ne pas pouvoir tout concilier. La fameuse question "peut-on tout avoir" – qu'on ne pose qu'aux femmes et jamais aux hommes – a sa réponse : si tu deviens leader, tu n'auras pas le temps de t'occuper de tes enfants et d'avoir du temps pour toi. La solution choisie est de s'autoéjecter avant même que l'avion ne décolle.

Les femmes manquent de rôles modèles féminins. Elles ont besoin que le leadership soit redéfini pour qu'elles puissent enfin se l'approprier.

L'élément déclencheur Trop c'est trop

Avec tous ces syndromes qui menacent les femmes, auxquels viennent s'ajouter les autres challenges du monde de l'entreprise, le chiffre que je vais vous donner ne devrait pas vous étonner outre mesure. 57 % des femmes rêvent de changer de travail contre seulement 24 % des femmes qui se déclarent pleinement satisfaites de leur travail (16). Les raisons données de ce mécontentement sont :

- L'écart salarial : seulement 11 % des femmes sont satisfaites de leur rémunération
- Le stress : 56 % se disent stressées
- Le manque de reconnaissance pour 36 %
- L'impossibilité d'évoluer selon 38 % d'entre elles

Mais ce sont surtout les raisons derrière le désir de reconversion qui sont très révélatrices d'un profond malaise.

- La frustration et l'ennui professionnel (64 %)
- La souffrance au travail (50 %)
- Le challenge professionnel (43 %)

Poussés à l'extrême, ces trois maux peuvent provoquer un réel mal-être, voire des maladies.

Le bore-out ou quand l'ennui devient insupportable

Moins connu que son ami le burnout (dont nous reparlerons plus tard), le bore-out est pourtant de plus en plus présent et peut faire autant de ravages. "Bore" en anglais signifie "s'ennuyer". Le bore-out est donc une forme d'épuisement professionnel résultant d'un ennui chronique. Selon plusieurs sources, ce sont les femmes qui seraient les plus touchées.

Une étude de 2016 réalisée par Udemy (17) révèle en effet que les femmes millennials (c'est-à-dire celles nées entre les années 80 et le début des années 90) s'ennuient plus au travail que tout autre groupe. 48 % des femmes ont déclaré s'ennuyer au travail, contre 39 % des hommes – et les millennials s'ennuient deux fois plus au bureau que les baby-boomers, selon l'enquête d'Udemy menée auprès de 1 000 employés de bureau à temps plein. Une autre étude française, cette fois, faite par le site de recrutement Qapa (18) , confirme ces données. 63 % des Français ont répondu s'ennuyer au travail et parmi eux, les femmes sont les plus affectées par cet ennui. 51 % d'entre elles avouent très mal vivre ce désœuvrement contre 39 % des leurs homologues masculins.

Comment expliquer cette situation ? Pourquoi les femmes s'ennuient-elles davantage au travail ? Selon les résultats de l'enquête d'Udemy, les jeunes femmes ne se sentent pas assez stimulées et ne pensent pas avoir la possibilité d'acquérir de nouvelles compétences. Aurélie Jeantet, sociologue du travail, maîtresse de conférences à la Sorbonne et auteure des Émotions au travail, estime que "ce constat est, forcément, à rapprocher de la division sexuée du travail et des inégalités qui en découlent : les hommes et les femmes n'ont pas les mêmes métiers et ces dernières ont des métiers plus ennuyeux." (19)

Selon moi, il n'y a pas que la qualité intrinsèque du travail qui est responsable de la situation. Les femmes ont aussi leur part de responsabilité. Si elles attendent bien sagement que le professeur, euh pardon, leur employeur ou manager leur donne un travail intéressant à effectuer, telles les bonnes élèves qu'elles étaient petites, elles sont forcément dans une position passive qui peut facilement déboucher sur de l'ennui chronique. Si l'on ajoute à cela le fait que ces femmes n'ont pas osé postuler au bon poste par peur de ne pas cocher tous les critères de sélection (syndrome de l'imposteur) et le fait de ne pas oser se faire remarquer (complexe d'Icare), cela nous donne un tableau peu épanouissant.

Le burnout ou quand le corps dit stop

Le burnout ou comment se consumer littéralement petit à petit, telle une bougie. Parfois décrit comme le mal du siècle, le burnout ou l'épuisement professionnel, n'est pourtant référencé ni dans la classification internationale des maladies de l'Organisation mondiale de la Santé – pour laquelle il s'agit juste d'un facteur influant sur l'état de santé –, ni dans le *Manuel diagnostique et statistique des troubles mentaux*, les deux grandes nomenclatures internationales de référence.

Le terme burnout a été utilisé la première fois dans les années 60, mais ce n'est que dans les années 70 qu'il a été réellement conceptualisé grâce aux travaux du psychanalyste new-yorkais Freudenberger dans son ouvrage *L'Épuisement professionnel* dont le sous-titre reprend la notion de "brûlure interne" qu'explique le psychiatre dans l'introduction :

"En tant que psychanalyste et praticien, je me suis rendu compte que les gens sont parfois victimes d'incendie, tout comme les immeubles. Sous la tension produite par la vie dans notre monde complexe, leurs ressources internes en viennent à se consumer comme sous l'action des flammes, ne laissant qu'un vide immense à l'intérieur, même si l'enveloppe externe semble plus ou moins intacte."

Freudenberger a observé de nombreux bénévoles des Free Clinics, ces établissements de santé aux États-Unis offrant des soins gratuits ou à prix réduit aux plus démunis. Il a pu remarquer que ces bénévoles développaient dans un premier temps de plus en plus de symptômes réguliers tels que des rhumes, des maux de tête ou de la fatigue. Puis, leur comportement et la gestion de leurs émotions changeaient, laissant place à de la colère et du cynisme.

Il a conceptualisé ce processus en le découpant en 12 étapes qui vont d'un "besoin de se prouver à soi-même amenant à une ambition excessive" jusqu'à un "épuisement qui peut être mortel". Il considère alors le burnout comme un état de déséquilibre entre le désir d'aider autrui et l'accomplissement personnel. Le burnout intervient quand la personne a la sensation de se heurter à un mur. Elle avait un rêve, un objectif et elle se rend compte qu'elle ne pourra pas l'atteindre malgré ses nombreux efforts.

Je trouve que revenir à la base de la définition du burnout professionnel est primordial pour comprendre le résultat d'une autre étude, celle réalisée par le cabinet américain McKinsey en 2022 (20), qui révèle que les femmes dirigeantes signalent des taux plus élevés d'épuisement professionnel et de stress chronique que les hommes. Cet écart a même pratiquement doublé en un an.

Dans cette étude, il est dit :

"Les raisons pour lesquelles les femmes dirigeantes quittent leur entreprise sont révélatrices. Les femmes dirigeantes sont tout aussi ambitieuses que les hommes, mais dans de nombreuses entreprises, elles sont confrontées à des forces contraires qui rendent leur progression plus difficile. [...] Elles font plus pour soutenir le bien-être des employés et favoriser l'inclusion, mais ce travail essentiel les épuise et n'est généralement pas récompensé." (21)

Les statistiques montrent que lors de la pandémie, les managers au féminin ont davantage pris de mesures pour soutenir psychologiquement leurs équipes (31 %, contre 19 % des hommes), et qu'elles se sont plus enquises de leur bien-être global (à 61 %, contre 54 % des hommes), ce qui aurait représenté une charge de travail (et mentale) supplémentaire difficile à supporter.

En France, selon une étude réalisée en octobre 2021 par le cabinet Empreinte Humaine (22), 2,55 millions de salariés étaient en burnout sévère (+25 % par rapport à mai 2021 et 2,7 fois plus qu'en mai 2020). Femmes et hommes étaient autour du même pourcentage, 12,6 % pour les femmes et 12,7 % pour les hommes, mais selon le même baromètre, 44 % des femmes étaient en détresse psychologique, contre 33 % des hommes. Certains professionnels du burnout observent, à leur échelle et sans prétention statistique, que les femmes sont plus nombreuses que les hommes à frapper à leur porte. Certains estiment que cet état de fait vient de la plus grande facilité pour les femmes de reconnaître et d'admettre leurs difficultés, contrairement aux hommes, élevés dans des préceptes virilistes. En tout cas, les raisons évoquées par les femmes françaises en épuisement professionnel sont les mêmes que leurs consœurs d'outre-Atlantique.

Le brown-out ou quand plus rien ne fait sens

Avez-vous déjà eu l'impression d'avoir une baisse de forme ? Comme si votre énergie ou votre batterie interne se déchargeait petit à petit ? C'est ce que les gens victimes de brown-out ressentent (23). En anglais "brown-out" désigne, pour les appareils électriques, une diminution volontaire ou involontaire de l'intensité dans le but d'éviter la surchauffe. Dans le monde de l'entreprise, cela se traduit par une baisse importante de l'engagement, avec des personnes qui traînent des pieds et effectuent des tâches sans vraiment comprendre pourquoi on leur demande de les faire. Elles rentrent chez elles, incapables de dire ce qu'elles ont fait concrètement de leurs journées.

Si le terme brown-out n'est pas vraiment connu du grand public, le concept de perte de sens du travail a été propulsé par la pandémie du COVID. Le recul imposé par les restrictions sanitaires a provoqué des prises de conscience inédites chez certains salariés, homme ou femme, qui se sont rendu compte du manque de sens de leurs activités ou en tout cas d'une partie des tâches effectuées. Certains ont même pris conscience qu'ils exerçaient des "bullshit jobs".
Ce concept, qu'on pourrait traduire en français par "job à la con"

a été développé en 2019, sous la plume de l'anthropologue américain David Graeber. Attention, selon lui, il ne faut surtout pas confondre "job à la con" et "job de merde" (vous m'excuserez la vulgarité, mais il est important de comprendre la différence) : les "jobs à la con", bullshit jobs donc, sont des métiers souvent très bien payés, mais qui ne servent à rien, alors que les "jobs de merde" concernent pour la plupart des tâches nécessaires et indiscutablement bénéfiques à la société, mais qui sont mal payés.

Dans son livre *Bullshit Jobs*, David Graeber donne la parole à beaucoup de salarié.es dont Tom, qui travaille dans la postproduction pour une grande agence. Son métier consiste notamment (et de plus en plus) à retoucher des photos de mannequins pour des publicités afin de les faire paraître plus minces, plus jeunes et plus belles. Alors qu'il touche un salaire de 100 000 dollars par an, il explique que son travail ne fait plus sens pour lui :

"Je considère qu'un emploi utile est celui qui répond à un besoin préexistant ou qui crée un produit ou un service auquel les gens n'avaient pas pensé et qui, d'une manière ou d'une autre, améliore leur vie."

D'après l'anthropologue américain, toutes les couches de la société seraient concernées. "Des avocats d'entreprise, des personnes qui travaillent dans le télémarketing, dans les relations publiques, dans les lobbyings. Beaucoup se demandent finalement à quoi ils servent." (24)

Mais selon lui, ce sont les cadres intermédiaires dans le secteur des services qui sont les plus affectés. "Le manque de sens gagne ceux qui supervisent, qui distribuent les tâches. C'est une évidence dans les banques. Certains ont même des emplois prestigieux et cela les affecte d'autant plus, car ils ont l'impression d'être des fraudeurs, tant ils sont inutiles."

Mais ce qui était peut-être vrai en 2019 lorsque David Graeber a publié son livre ne l'est plus réellement aujourd'hui car même les personnes qui exercent un métier utile sont aussi victimes de brown-out. Plutôt que des "jobs 100 % à la con", les gens décrivent une multiplication de tâches inutiles, qui les empêchent justement de faire leur job.

François Baumann, médecin et spécialiste des pathologies liées à la souffrance au travail, revient sur ce syndrome dans son livre Le brown-out : quand le travail n'a plus aucun sens et évoque les nombreux profils différents touchés par cette pathologie. Ingénieur, mais aussi éditrice, secrétaire de direction, journaliste ou encore policier sont concernés. On comprend dès lors que ce n'est pas dans l'ADN même du métier qu'il faut aller chercher le manque de sens, mais bien dans les conditions d'exercer cette activité. Pour expliquer cette nouvelle situation on peut blâmer les réunionites aigües qui touchent les entreprises (les salariés français passeraient entre 4 et 8 heures par semaine en réunion), l'administratif de plus en plus présent, ou bien encore la connexion à l'entreprise 24h/24h via la boîte mail qui n'a pas de bouton off.

Le brown-out est un syndrome plus insidieux que le burnout, parce qu'il est plus difficile à déceler et ses effets ne se font pas sentir tout de suite. On pourrait le comparer au tabagisme. On peut attendre des années avant de déclarer une maladie, mais on peut ressentir des gênes au quotidien.

Ce qui est en tout cas certain c'est que la crise sanitaire a joué un rôle d'amplificateur. Des signes ne trompent pas comme la hausse spectaculaire de la demande pour les bilans de compétences (+60 % en France en 2021) (25) ou bien le nombre croissant de reconversions professionnelles (selon une étude IFOP d'avril 2022, 87 % des Français pourraient être incités à changer de métier).

Si cette volonté n'est pas nouvelle (pour preuve le taux de démissions qui est au plus haut depuis la crise financière de 2008-2009, mais reste en deçà des niveaux atteints juste avant), on voit bien que la crise sanitaire a accéléré une prise de conscience sous-jacente. Les confinements successifs ainsi que le télétravail ont amené les gens à prendre du recul et à faire le point sur l'utilité de leur travail, mais également sur les valeurs de leur entreprise.

Pour beaucoup, être aligné avec les valeurs de l'entreprise n'est plus un détail ni un bonus, mais une nécessité. Selon le baromètre de la société de conseil dans la transition écologique Imagreen (26), en collaboration avec l'entreprise de sondage Kantar, 75 % des salariés des grandes entreprises ressentiraient un malaise face à l'inaction de leur entreprise dans la lutte contre la crise environnementale et la croissance des inégalités. Basé sur un échantillon de 1 000 salariés travaillant dans des entreprises de 100 salariés ou plus, 39 % ont répondu ressentir un décalage entre leurs convictions sur les enjeux socioécologiques, le métier qu'ils exercent et les activités de leur entreprise. Lorsque le GIEC (Groupe d'experts intergouvernemental sur l'évolution du climat) a déclaré dans son rapport que "le coût de l'inaction [serait] supérieur au coût de l'action", il ne pensait peut-être pas au "coût" salarial pour les entreprises, à savoir comment attirer et garder leurs employés.

Si ce constat est sans appel, je pense qu'il faut être très prudent avant de relier ce mécontentement avec la vague de démissions. Tout d'abord, revenons sur la définition d'une valeur. Les valeurs restent bien souvent au stade de la théorie. Les entreprises ont tendance à mettre en avant les mêmes valeurs : le respect, la tolérance, l'équité, la bienveillance… Si l'on prend cette dernière par exemple, elle peut prendre des formes très différentes. Dans ma carrière, j'ai vu la bienveillance définie comme être capable de fournir de la critique positive, ou bien d'avoir le droit à l'erreur pour finir par faire confiance à ses équipes. Une valeur en elle-même ne veut rien dire. Ce qui compte c'est par qui elle est définie et portée, dans quel contexte et avec quelle intention. Les valeurs sont théoriques et encore une fois, il est difficile de ne pas être en accord avec les valeurs officielles affichées par l'entreprise. Effectivement, si dans les faits, l'entreprise est en réel décalage avec ce qu'elle prône, alors il y aura un sentiment de désalignement, voire de trahison de la part des employés.

Mais dans la plupart des cas, les gens quittent une entreprise, non pas pour ses valeurs, mais à cause d'une personne, souvent un ou une responsable.

Lors d'un coaching, j'ai accompagné la directrice générale d'une filiale française d'un venture capital. Elle était 100 % en phase avec les valeurs de l'entreprise. Étant très épanouie, elle mettait en place des actions qui lui permettaient d'attirer de nombreux investisseurs.

Malheureusement, son N+1 (son patron anglo-saxon) était aux antipodes des valeurs de ma cliente. Les clients français ont commencé à retirer leurs investissements, car ils ne se retrouvaient pas du tout dans la politique de l'entreprise. Les valeurs de l'entreprise n'avaient pas changé. Mais elles n'étaient plus incarnées par tous...

Selon certaines études, les femmes souffriraient moins de brown-out que les hommes. Mais attention à ces résultats qui sont tronqués selon moi. Les femmes trouvent plus de sens à leur métier, car elles se tournent justement vers des métiers qui font plus sens, les fameux métiers du "care" où elles sont surreprésentées : plus de 97 % des auxiliaires de vie et assistants maternels sont des femmes ; plus de 97 % des secrétaires et assistants ; 96 % des assistants sociaux ; 94 % des aides à domicile ; 90 % des aides-soignants ; près de 88 % des infirmiers ; 85 % des enseignants du premier degré... sont des femmes. Or, depuis la mise en lumière sur ces métiers pendant la pandémie, on le sait : ces métiers ne sont ni les plus rémunérateurs ni les plus valorisés. Si elles ne se tournent pas vers ces métiers, les femmes décident alors de créer leur propre entreprise, ce qui n'est pas sans risque (nous en reparlerons bientôt).

Les femmes ont donc tendance à quitter le monde de l'entreprise, persuadées qu'elles ne pourront pas y trouver de sens. Or, c'est faux. Il est possible de créer du sens même en étant salariée. Si toutes les femmes qui veulent créer du sens fuient les entreprises, alors ces dernières ne participeront pas et ne vivront pas les transformations nécessaires. Tout en sabotant leurs propres carrières et sacrifiant leurs ambitions.

Les femmes doivent surmonter bon nombre d'obstacles posés sur leur chemin par la société. Avoir conscience de ces difficultés est une première étape indispensable. Mais le plus dur reste peut-être à venir…

La phase d'acceptation

Dépasser le sentiment de culpabilité

Les femmes sentent qu'elles souffrent. Elles osent d'ailleurs exprimer plus souvent leur souffrance que les hommes. C'est le point positif. Malheureusement, une fois cette souffrance reconnue et exprimée, arrive très rapidement le revers de la médaille : la culpabilité. Qu'elles souffrent d'un épuisement, d'une perte de sens ou bien d'un ennui profond, elles se sentent coupables.

Coupables de ne plus arriver à tout gérer. Les schémas de pensée qui incluent des phrases telles que "j'aurais dû" ou "je n'aurais pas dû" font partie d'un cycle de culpabilité qui crée davantage d'anxiété et de stress chez les personnes déjà épuisées. Cela peut concerner divers sujets, tels que la garde des enfants ("je devrais passer plus de temps avec mes enfants"), le travail ("je devrais répondre à cet e-mail"), l'épanouissement personnel ("je devrais consacrer mon temps à l'apprentissage d'une nouvelle langue") et même les soins personnels ("je devrais me reposer davantage ou manger plus sainement").

Linda Rinn, une psychologue clinicienne américaine, a observé lors d'études que ce mode de pensée est plus répandu chez les femmes. Cette conclusion est confirmée par d'autres recherches. Selon un article publié dans le Journal of Psychology (27), les rôles genrés inculqués pendant l'enfance influent sur les différences entre les sexes en matière de "tendance à la culpabilité".

Selon la psychologue et auteure Carol Gilligan, les garçons sont plus susceptibles de se sentir coupables d'enfreindre les règles, tandis que les filles se sentiraient coupables si les conséquences de leurs actes étaient relationnelles. Les femmes culpabilisent de laisser tomber les gens en s'arrêtant.

Les femmes culpabilisent également, car elles ont souvent le sentiment de "tout avoir". Elles se disent qu'elles ont tout pour être heureuses et qu'elles n'ont pas le droit de se sentir malheureuses. C'est le syndrome de la cage dorée. Sur le papier, on a tout pour être heureux, mais dans les faits, ce n'est pas le cas. Les femmes culpabilisent, car elles se sentent privilégiées : elles ont un emploi (d'autres sont au chômage). Elles gagnent bien leur vie comparée à d'autres. Elles ont des responsabilités... bref, elles ont en permanence un dialogue avec elles-mêmes qui remet en question leur souffrance pourtant bien réelle. Cela demande du courage de quitter une cage dorée. Mais ce courage est nécessaire pour avancer.

La première étape pour les femmes est donc de dépasser cette culpabilité, en reconnaissant qu'elles ne sont pas fautives d'une part, mais aussi en se rendant compte à quel point elles tentent de se conformer aux normes et aux codes de la société qui ne sont pas faits pour elles.

Voir la réalité en face

Les femmes en souffrance au travail culpabilisent, car elles ne sentent pas "normales".

Normal, adj. : qui est dépourvu de tout caractère exceptionnel ; qui est conforme au type le plus fréquent.

Mais quelle est cette norme ? Comment, et surtout par qui, a-t-elle été conçue ? Notre société a été fondée par et pour les hommes. C'est un fait corroboré par de nombreuses études. L'espace urbain, par exemple, est profondément sexiste. Combien de rues portent le nom d'une femme dans votre ville ? En France à peine 5 % des rues et 2 % des boulevards et autres avenues sont baptisés du nom d'une femme. Sur les 30 000 architectes de France qui portent le titre et qui participent à la construction de nos villes, 29 % sont des femmes et seulement

8 % sont responsable d'agence et ont vraiment le pouvoir de décider. Dans le métro le soir, huit passagers sur dix sont des hommes, avec tout ce que cela implique.

En médecine, le tableau n'est pas plus reluisant. Les femmes malades sont souvent diagnostiquées plus tardivement et moins bien prises en charge que la gent masculine. Pire, les traitements ne sont pas toujours adaptés à leurs particularités. Le Pr Claire Mounier-Vehier, chef du service de médecine vasculaire et hypertension artérielle au CHU de Lille fait remarquer que si tous les médecins ne sont pas sexistes, "ils n'ont simplement pas appris durant leurs études que les symptômes ne s'expriment pas forcément de la même manière chez les hommes et chez les femmes". (28)

En outre, la majorité des travaux de recherche et des essais cliniques sont réalisés sur des populations d'hommes. Même les expérimentations sur des animaux sont menées sur cinq fois plus de mâles que de femelles ! D'où une méconnaissance des spécificités de la physiologie féminine.

Même les mannequins de crash test sont sexistes. Une recherche menée par l'université de Virginie aux États-Unis révèle que les femmes ont 73 % de risques en plus d'être blessées lors d'un accident de voiture. Et ce, même si elles portent leur ceinture de sécurité. La raison ? Les mannequins de crash test sont basés sur une morphologie masculine, avec une taille de 1,75 m et un poids de 75 kilos.

Se conformer à une réalité qui ne nous correspond pas est un combat perdu d'avance. Les femmes doivent accepter cet état de fait pour le dépasser et avancer.

C'est probablement dans le monde du travail que les inégalités sont les plus visibles. Dans le secteur privé, les femmes gagnent 28,5 % de moins que les hommes en moyenne. Elles travaillent plus souvent à temps partiel et dans des métiers moins bien payés que les hommes. À temps de travail et poste équivalents, l'écart de salaire est de 5,3 %. (29)

À la maison, ce n'est guère mieux. Selon la dernière étude réalisée sur le sujet de la répartition des tâches ménagères en 2016, les femmes consacrent trois heures trente par jour aux tâches domestiques, contre deux heures pour les hommes, un écart qui a du mal à diminuer (et les confinements n'ont pas aidé). (30)

Faut-il arrêter de s'en offusquer ? Non. Doivent-elles rester bloquées dans leur colère au risque de ne pas avancer ? Surtout pas. Et pourtant c'est ce que fait la majorité des femmes. Je ne suis pas en train de cautionner ces codes patriarcaux. Je souhaite qu'un jour, tout cela ait disparu. Mais selon moi, la colère n'est pas productive. Elle empêche les femmes d'agir. Les femmes ont deux solutions : soit elles restent bloquées dans leur colère, soit elles regardent la réalité en face et prennent la décision de changer les choses.

Les femmes souffrent, car elles essaient de rentrer dans des cases qui ne sont pas faites pour elles. Elles doivent apprendre à cohabiter avec ces codes qui ne vont pas disparaître du jour au lendemain, mais elles ne doivent pas chercher à les incarner. C'est un combat perdu d'avance.

Elles doivent garder toute leur énergie pour justement créer une nouvelle voie. Et cela commence par reconnaître et accepter les différences homme-femme. Parler de différences est presque devenu un gros mot dans notre société. Comme si être différent voulait dire qu'une personne est mieux que l'autre. C'est faux ! La différence est magique. C'est elle qui nourrit la diversité du monde. C'est elle qui permet d'évoluer, en ne reproduisant pas le même chemin, mais en en créant un autre.

Beaucoup confondent égalité et équité. L'équité, c'est donner à chacun ce qui lui est dû par rapport à ses besoins. C'est cela que les femmes ont besoin. Si les femmes reconnaissent leurs différences, la société les reconnaîtra et les aidera. Mais si elles nient leurs différences en essayant de rentrer dans les moules masculins, alors la société ne changera pas en profondeur.

Comme le dit très justement la philosophe Cynthia Fleury :
"Si [les femmes] veulent construire un autre modèle de société, transmettre à leurs enfants une autre histoire plus inclusive, plus humaniste, elles sont obligées de se positionner et de s'engager. Parce qu'elles subissent ces codes, elles sont contraintes de les casser. Voilà pourquoi elles jouent un rôle transformatif clé." 31) On parle bien ici d'un rôle transformatif. Et pour changer son environnement, il faut d'abord se changer soi.

Les codes patriarcaux sont autant d'obstacles que les femmes doivent dépasser les uns après les autres si elles veulent avancer. À la longue liste de tout ce que j'ai évoqué, on pourrait ajouter le harcèlement sexuel, le sexisme ordinaire, la charge mentale... La souffrance des femmes est bien réelle et avec elle le sentiment de ne pas être à leur place, de ne pas être alignée. Mais attention à cette notion très à la mode qui peut mener à prendre les mauvaises décisions.

PARTIE 2

Alignement et liberté

L'alignement

Si vous naviguez sur les réseaux sociaux ou sur Internet en général, nul doute que vous avez vu beaucoup de contenu traitant de l'alignement : "comment être alignée avec moi-même ?" ou bien "comment savoir si l'on est alignée ?" Cela révèle une vraie préoccupation, surtout dans notre monde post-pandémique, où la notion d'épanouissement personnel est devenue le but ultime de chacun et chacune. OK, mais ça veut dire quoi être alignée au juste ?

Très souvent, quand on parle d'alignement, on parle d'alignement entre soi et soi-même. Mais ça ne suffit pas. Cette définition oublie un petit détail : nous vivons en société et pas chacun sur une île déserte ! L'alignement est une notion systémique, c'est-à-dire qu'elle n'existe que par rapport à un ensemble. Il y a l'alignement avec soi-même certes, mais il ne faut pas omettre l'alignement avec les autres et avec le monde dans sa globalité. Et selon moi, les 3 sont liés.

Prenons l'exemple de cette cheffe d'entreprise que j'ai coachée. Elle travaillait depuis quelque temps sur les valeurs de sa société. Elle avait demandé à ses équipes et les membres de son Comité de direction de réfléchir au sujet. L'idée était de dresser une liste de toutes les valeurs pour ensuite voir comment ils allaient les incarner. Je lui ai dit qu'elle faisait fausse route et qu'elle devait tout reprendre... à l'envers. Je lui ai demandé de faire l'exercice suivant : toutes les valeurs qu'elle avait listées, comment les incarnait-elle concrètement ? En d'autres termes, je lui demandais de passer du concret à la théorie alors qu'elle faisait l'inverse. Et c'est ce que la plupart des dirigeants font : ils ou elles commencent par lister les valeurs qui leur tiennent à cœur puis cherchent à les incarner. C'est à cause de cette manière de procéder que très souvent les valeurs mises en avant par les entreprises sont trop génériques et théoriques. Nous avons déjà évoqué une des conséquences désastreuses de ce problème avec le phénomène de plus en plus répandu de brown-out, où quand le manque de sens devient souffrance au travail. Dans une enquête réalisée par la Fondation Jean-Jaurès et la Macif, en partenariat avec l'institut BVA, il apparaît clairement que les jeunes demandent une mise en cohérence entre les annonces d'engagement et les actions concrètes des entreprises. Ils les attendent donc au tournant.

L'alignement passe par l'action. Lors de mes coachings, j'observe comment les personnes fonctionnent, je pars de leurs actions concrètes pour ensuite seulement définir leurs valeurs. Les valeurs qui deviendront celles de l'entreprise. Car les valeurs de l'entreprise doivent être incarnées par son dirigeant ou sa dirigeante. C'est une condition sine qua non. Si la personne responsable n'incarne pas concrètement ses valeurs, ses équipes refuseront de la suivre. Il y a donc bien interaction entre l'alignement à soi-même (connaître ses valeurs), l'alignement au monde (comment incarner concrètement ses valeurs) et avec les autres (en incarnant ses valeurs, on crée l'adhésion commune).

Définir l'alignement dans l'absolu n'est donc pas satisfaisant et n'aide pas les femmes qui se cherchent.

Il existe également un second danger selon moi à mettre cette notion d'alignement trop en avant. Nous l'avons déjà évoqué, la pandémie a rebattu les cartes du monde du travail. Des millions de personnes dans le monde ont profité des périodes de confinement pour prendre du recul et se rendre compte qu'elles n'étaient plus épanouies dans leur travail. Trouver un métier qui a du sens est devenu une priorité. Mais comme le dit Flora Bernard, philosophe en entreprise et cofondatrice de l'agence de philosophie Thaé, "la chose que l'on fait a finalement autant d'importance que la manière de la réaliser, l'environnement relationnel dans lequel elle s'inscrit et la mesure dans laquelle nous pouvons la faire à notre manière. Le sens, c'est nous qui le donnons." Un métier qui a du sens sur le papier et qui est valorisé par la société, comme enseignant, infirmier ou psychologue, peut ne pas en avoir du tout pour la personne qui l'exerce, car tout dépend du contexte, des relations humaines et de la personne elle-même.

Se pose donc la question : qu'est-ce qu'un métier qui a du sens ? Et est-ce la bonne chose pour tout le monde ? Je ne suis pas persuadée que tout le monde soit fait pour exercer un métier qui a du sens et c'est très bien comme cela. Beaucoup de personnes trouvent un équilibre dans leur vie entre leur travail et leurs activités en dehors. De plus, comme le dit Flora Bernard "la quête du bonheur au travail est devenue un vrai objectif de vie et beaucoup se mettent la pression à ce sujet." Les femmes sont déjà beaucoup dans la culpabilité, comme nous l'avons déjà évoqué. Venir ajouter de la pression à de la culpabilité n'est pas une solution très pérenne.

Les femmes doivent comprendre que la quête de sens ou bien l'alignement avec leurs valeurs partent d'elles-mêmes. Elles doivent arrêter de croire aux baguettes magiques ou aux solutions toutes faites qu'on leur fait miroiter (nous reparlerons de cette notion de miroir aux alouettes pour évoquer l'entrepreneuriat). Certaines approches laissent croire que nous aurions UNE seule mission de vie, qu'il suffirait de trouver notre grand pourquoi pour avoir enfin cette vie équilibrée qui nous fait tant rêver. C'est une vision erronée, voire dangereuse, car elle peut créer un champ de tensions supplémentaire pour celles qui ne parviennent pas à réaliser l'exercice. L'équilibre est dans le déséquilibre. Accepter l'idée que notre vie est fluctuante parce que nous évoluons dans un contexte constamment en mouvement est le secret de l'épanouissement. Les femmes sont déjà très douées pour se créer des injonctions. Pas la peine d'en ajouter de nouvelles !

La notion de liberté versus flexibilité et l'entrepreneuriat fantasmé

Se sentir enfermée dans une cage (même si elle est dorée) mène forcément à une envie très forte de s'en libérer. C'est ce que souhaitent beaucoup de femmes. Alors qu'elles sont à l'étroit dans leur travail, elles ont envie de devenir libres. Mais que veut dire la liberté ? Ne vous inquiétez pas, je ne vais pas vous faire un cours de philosophie ! Mais je pense qu'il est important de définir cette notion, car elle est sur le devant de la scène, surtout depuis la pandémie et le changement de paradigme. Le travail semble être là où les tensions entre liberté et enfermement se cristallisent. Et parfois de manière littérale. Je pense notamment au télétravail et à la flexibilité offerte ou non aux employés. Certaines personnes pensent que pour être libre, il faut nécessairement être à son compte, comme si être employé était synonyme d'emprisonnement. Mais on peut être libre en étant salarié et se sentir enfermé en étant entrepreneur.

Pourquoi ? Parce que la notion de liberté est liée à celle de sécurité. Je le vois régulièrement lors de mes coachings. La société a tendance à opposer ces deux notions. Trop de sécurité brimerait la liberté (l'obligation de se faire vacciner contre le COVID et le tollé que cela a déclenché en est l'exemple parfait). Cette opposition est donc ancrée dans nos esprits. Mais elle est fausse ! Prenons par exemple la sécurité routière : elle n'a pu s'améliorer au fil des décennies qu'en passant par le renforcement des règles de sécurité.

Les femmes doivent comprendre que la liberté n'est pas liée à un statut. On peut se sentir totalement libre en étant salarié et au contraire, enfermé alors que l'on est à son compte. Je vois beaucoup de femmes malheureuses dans leurs postes en entreprise, désirant un changement dans leur vie professionnelle. Très souvent, elles souhaitent se tourner vers l'entrepreneuriat. Elles pensent qu'à leur compte, elles seront enfin libres, libres d'organiser leur emploi du temps pour elles et pour s'occuper de leurs enfants ou des tâches qui leur incombent.

En réalité, les femmes ne cherchent pas plus de liberté, mais plus de flexibilité. L'entrepreneuriat n'est pas la solution miracle. Lorsque l'on ne se sent pas bien dans son travail, on peut avoir comme une envie d'envoyer valser le bébé, l'eau du bain... et la baignoire avec ! Cela me semble très dangereux. En ce moment, il y a une forte tendance dans la société qui est reflétée sur les réseaux sociaux, celle d'encenser le statut d'entrepreneur. Il n'y a qu'à voir comme il est simple de se mettre à son compte : en un clic, on peut créer son autoentreprise. C'est aussi simple que de passer une commande sur Amazon ! Depuis la pandémie du COVID et les différents confinements, on voit fleurir des reportages qui valorisent des reconversions vers l'entrepreneuriat. C'est formidable... mais pas pour tout le monde.

Reprenons l'exemple d'une femme qui devient entrepreneur pour avoir plus de temps. Elle en a eu marre d'entendre des phrases comme "tu prends ton aprèm ?" alors qu'elle arrêtait de travailler à 18h pour aller chercher ses enfants à la garderie. Elle pense qu'en devenant sa propre patronne, elle pourra être libre de faire ce qu'elle veut, comme elle veut, quand elle veut. Elle a raison... et elle a tort. Oui, elle pourrait effectivement aller chercher ses enfants à 16h, les faire goûter et leur faire faire leurs devoirs. Mais tout ce qu'elle n'aura pas fait pendant ce temps-là devra être fait à un autre moment. Être à son compte demande beaucoup de sacrifices et d'heures de travail, ce qui n'est pas forcément synonyme de liberté, mais bien de flexibilité. Attention également au statut d'autoentrepreneur qui, derrière sa grande simplicité de création, n'est pas un statut sans défauts. Il n'est pas adapté à toutes les activités, il ne permet pas de déduire ses charges ni de cotiser pour sa retraite de manière optimale.

Je ne suis pas en train de dire que l'entrepreneuriat n'est pas une solution. Je dis simplement qu'il n'est pas LA solution alors que parfois, les femmes ont l'impression que c'est la seule qui se présente à elles. Or, les temps ont changé. La flexibilité qui fait tant envie aux femmes est possible dans le salariat grâce au travail hybride et au télétravail. Je veux lutter contre cette idée préconçue selon laquelle une femme, qui plus est une femme dirigeante, ne pourrait pas tout avoir. Je le dis haut et fort : une femme dirigeante peut tout avoir, un travail épanouissant et de la flexibilité. L'important est de comprendre les règles du jeu de l'entreprise (nous y reviendrons dans la partie 3) et surtout de se connaître soi-même.

Redéfinir le (haut) potentiel pour développer son leadership

Apprendre à se connaître est la base de tout. C'est une étape indispensable pour faire évoluer sa carrière professionnelle, prendre les bonnes décisions, développer son leadership, etc. L'un des moyens pour y parvenir est de passer un test de personnalité. Ils foisonnent sur internet, mais aussi en entreprise. D'après le baromètre Sourcing cadres (32), 19 % des recruteurs interrogés ont utilisé un test de personnalité lors de leurs recrutements à des postes de cadres.

Ces tests ont pour but d'évaluer les comportements relationnels, les aspects affectifs, les soft skills et de définir les traits proéminents du caractère d'un individu. Ils peuvent être des outils très efficaces, mais ont souvent la même limite, celle de proposer une définition de l'intelligence trop formatée à mon goût.

> Beaucoup de femmes que je rencontre en coaching ne se trouvent pas intelligentes. Certaines ont passé le test de QI, le WAIS-IV (Échelle d'intelligence de Wechsler pour adultes), et n'ont pas été diagnostiquées HPI (haut potentiel intellectuel) ou bien l'ont été, mais restent sur leur faim, n'ayant pas trouvé les réponses à leur question principale : je ne rentre pas dans la norme sociale du marché du travail actuel.

Les femmes ressentent souvent l'impression de ne pas rentrer dans les cases. Elles se sentent atypiques. Dans notre société, il est très facile de se sentir en décalage. C'est pourquoi il est important de se rappeler qu'il n'y a pas une intelligence, mais bien plusieurs formes d'intelligence. Neuf, pour être précise.

Neuf types d'intelligence

Qu'est-ce que l'intelligence ? Vous avez quatre heures !

Définir l'intelligence n'est pas une mince affaire. Et pourtant, cette notion est trop souvent simplifiée à l'extrême, laissant sur le bord de la route des personnes jugées "pas intelligentes", car ne correspondant pas aux critères. Le système éducatif est le premier fournisseur officiel de mal-être. Il met sur un piédestal l'intelligence logico-numérique avec les mathématiques comme représentant numéro 1. Si on ajoute à cela le fait que la société nous fait croire que les sciences, c'est pour les garçons, on comprend mieux pourquoi les filles puis les femmes ne se croient pas intelligentes.

Il n'y a pas qu'une seule forme d'intelligence, comme l'a démontré Howard Garner, psychologue du développement américain, professeur de sciences de l'éducation à l'université d'Harvard, et professeur de neurosciences à l'Université de Boston.

Howard Gardner a développé la théorie des intelligences multiples qui explique que chacun traite l'information de différentes manières. En d'autres termes, nous apprenons et nous nous développons continuellement de différentes manières tout au long de notre vie, même après avoir terminé notre éducation formelle. Gardner ne définit pas l'intelligence comme une capacité unique et générale, mais la divise plutôt en neuf intelligences différentes. Bien qu'une personne puisse être particulièrement forte dans un domaine, comme l'intelligence mathématique, elle possède en fait un éventail de capacités dans neuf types d'intelligence.

L'intelligence logico-mathématique

L'intelligence logico-mathématique (la chouchoute de l'école) fait référence à la capacité d'une personne à résoudre des problèmes mathématiques, à repérer des tendances et des modèles et à comprendre des relations. Si une personne possède une intelligence logico-mathématique, cela signifie que l'ordre et l'enchaînement sont très présents dans son processus de réflexion et qu'elle peut penser de manière conceptuelle et abstraite.

Vous avez une intelligence logico-mathématique élevée si :

- Vous êtes douée avec les chiffres et vous êtes sûre de vous pour les tâches qui impliquent de quantifier des choses, comme les questions de mathématiques et d'arithmétique.
- Vous aimez faire des expériences et mener vos propres recherches.
- Vous aimez jouer à des jeux de logique et de stratégie.
- Vous aimez résoudre des énigmes et percer des mystères.
- Votre curiosité vous pousse à poser des questions cosmiques ou profondes.

L'intelligence visuospatiale

L'intelligence visuospatiale fait référence à la capacité des personnes à voir ou à visualiser le monde dans ses trois dimensions. Lorsque l'on parle de visualisation du monde en 3D, cela implique les capacités suivantes :

- **Imagerie mentale** – capacité à créer une image ou une représentation sans stimulus externe, en faisant appel à des souvenirs ou à des expériences antérieures. En d'autres termes, il s'agit du détail de l'imagination d'une personne.
- **Raisonnement spatial** – capacité de penser à des objets en 3D et de faire des généralisations malgré des informations limitées. Mentionnez une pyramide, et les personnes dotées d'une intelligence visuo-spatiale seront capables de visualiser l'aspect de cette pyramide vue de face ou du haut.

- **Manipulation d'images** – être capable de visualiser les modifications apportées à une image avant qu'elles ne soient mises en œuvre. Par exemple, un artiste visualise l'aspect de son tableau avant de le dessiner.
- **Compétences artistiques** – être capable de créer des œuvres d'art, ce qui inclut également les compétences graphiques.

L'intelligence visuospatiale et la créativité vont de pair, faisant appel à une imagination active pour produire un travail visuel impressionnant.

L'intelligence interpersonnelle ou sociale

L'intelligence interpersonnelle ou intelligence émotionnelle fait référence au lien entre l'intelligence et les émotions. Une personne dotée d'une intelligence interpersonnelle est capable de ressentir les émotions des autres et de lire leurs motivations, ce qui peut être lié à des compétences de communication verbale et non verbale.

Vous avez une intelligence interpersonnelle élevée si :

- Vous êtes douée pour identifier les distinctions et les différences au sein d'un groupe de personnes.
- Vous avez un large cercle d'amis et êtes à l'aise pour rencontrer de nouvelles personnes
- Vous êtes capable de sentir l'humeur des gens.
- Vous avez la capacité d'envisager les choses sous différents angles et de comprendre le point de vue des autres.

L'intelligence corporelle kinesthésique

L'intelligence kinesthésique fait référence à la coordination du corps et de l'esprit et est très importante chez les athlètes. Les aptitudes athlétiques ne sont pas souvent considérées comme de l'intelligence, mais l'intelligence kinesthésique se mesure à la capacité d'une personne à utiliser son physique pour manipuler les objets et autres éléments qui l'entourent.

Vous avez une intelligence corporelle kinesthésique élevée si :

- Vous reconnaissez vos capacités et vos limites physiques.
- Vous pouvez bien communiquer en utilisant le langage corporel, en utilisant des gestes et des actions pour transmettre votre message.
- Vous n'avez pas de réel problème avec le contact physique.
- Vous avez un bon sens du timing lorsqu'il s'agit de tâches et d'activités physiques.
- Vous pouvez manipuler des objets avec un haut degré d'habileté, de contrôle et d'économie de mouvement.
- Vous aimez être créative avec vos mains.

L'intelligence verbolinguistique

L'intelligence linguistique évalue la capacité d'une personne à utiliser les mots de manière efficace. Cela ne signifie pas nécessairement qu'il faille apprendre une autre langue. Une personne qui utilise exclusivement une langue de manière efficace peut tout de même posséder une intelligence linguistique. Être capable d'utiliser les bons mots et d'exprimer ce que l'on veut dire est un type d'intelligence unique qui peut être utilisé dans plusieurs scénarios différents.

Vous avez une intelligence linguistique élevée si :

- Vous êtes à l'aise à l'oral comme à l'écrit, utilisant les mots pour atteindre des objectifs tels que la persuasion.
- Vous avez un large vocabulaire et vous comprenez quand et comment utiliser certains mots.
- Vous aimez lire et écrire.
- Vous aimez jouer à des jeux de mots.
- Vous avez une bonne compréhension d'autres langues ou dialectes, mais il n'est pas nécessaire de les parler couramment.

L'intelligence intrapersonnelle

L'intelligence intrapersonnelle fait référence à la conscience de soi et à la capacité des gens à se comprendre eux-mêmes. Comprenez-vous ce que vous ressentez et pourquoi vous le ressentez ? L'intelligence intrapersonnelle implique également d'apprécier et de respecter la condition humaine, en général, de traiter les autres comme vous aimeriez être traité vous-même.

Vous avez une intelligence intrapersonnelle élevée si :

- Vous êtes motivée et pouvez vous faire passer en premier lorsque c'est nécessaire.
- Vous avez une forte volonté et êtes indépendante.
- Vous êtes consciente de ce que vous ressentez et vous agissez en fonction de ce que vous ressentez.
- Vous aimez prendre du temps pour vous consacrer à l'introspection.

L'intelligence musicale rythmique

L'intelligence musicale est la plus explicite des neuf types d'intelligence. Elle fait référence à la capacité d'une personne à percevoir le rythme et les sons et à les utiliser pour créer de la musique.

Vous avez un niveau élevé d'intelligence musicale si :

- Vous percevez facilement la hauteur, le rythme, la tonalité et le timbre du son.
- Vous reconnaissez, créez ou réfléchissez à la musique, et aimez le faire.
- Vous êtes à l'aise avec la musique en arrière-plan pendant que vous faites autre chose.
- Vous êtes très sensible aux sons, vous entendez ce qui échappe aux autres.

L'intelligence naturaliste-écologiste

L'intelligence naturaliste désigne la capacité à lire, à identifier et à comprendre des structures dans la nature, sous ses formes minérale, végétale ou animale.

Vous avez une intelligence naturaliste élevée si :

- Vous aimez la nature et passez du temps à l'extérieur.
- Vous communiquez facilement avec les animaux.
- Vous êtes douée pour élever ou soigner des animaux et des plantes.

L'intelligence existentielle

L'intelligence existentielle fait référence à la sensibilité profonde et à la capacité des gens à traiter des questions profondes telles que le sens de l'existence. C'est l'un des plus complexes des neuf types d'intelligence énumérés dans les recherches de Gardner. Les personnes dotées d'une intelligence existentielle sont non seulement à l'aise pour parler de ces questions sérieuses, mais elles s'efforcent également de trouver la réponse.

Vous avez une intelligence existentielle élevée si :

- Vous souhaitez sincèrement trouver des réponses à des questions telles que "quel est le sens de la vie ?" ou "que se passe-t-il après la mort ?".
- Vous faites preuve d'une grande sensibilité sur les questions liées à l'existence humaine.

Redéfinir et ouvrir la notion d'intelligence permet souvent de se rassurer et de comprendre l'origine de son mal-être lorsqu'on a l'impression de ne pas être assez intelligente ou d'être atypique. J'aimerais revenir sur un concept que j'aborde très souvent en coaching et qui est à mes yeux primordial pour que les femmes développent leur leadership : l'intelligence émotionnelle.

Comme le souligne Julie Payet, Business innovation leader :

« *Pour moi, le haut potentiel ce n'est pas seulement le haut potentiel intellectuel, c'est aussi la capacité à avoir une vision et c'est une grande intelligence émotionnelle. Une intelligence émotionnelle qui met du temps à se développer.* »

L'intelligence émotionnelle

Si la notion d'intelligence émotionnelle n'est pas clairement mentionnée par Howard Garner, elle est, dans une certaine mesure, implicitement présente dans sa théorie. Gardner fait en effet référence à la fois à une intelligence intrapersonnelle et interpersonnelle. Ces deux types d'intelligence peuvent être considérés comme des formes d'intelligence émotionnelle (IE). L'IE est la capacité de percevoir, d'interpréter, de manifester, de contrôler et d'utiliser les émotions pour communiquer et entrer en relation avec les autres de manière efficace et constructive. Cette capacité à exprimer et à contrôler les émotions est essentielle, mais la capacité à comprendre, interpréter et répondre aux émotions des autres l'est tout autant.

L'IE diffère de l'intelligence rationnelle par son orientation. L'intelligence rationnelle implique des faits et un raisonnement logique serré. En revanche, l'IE concerne la manière dont les faits et le raisonnement sont appliqués.

Voici quelques signes et exemples clés de l'intelligence émotionnelle :

- Une capacité à identifier et à décrire ce que les gens ressentent
- Une conscience des forces et des limites personnelles
- La confiance en soi et l'acceptation de soi
- La capacité à accepter les erreurs
- La capacité d'accepter et d'accueillir le changement

- Un sens aigu de la curiosité, en particulier à l'égard des autres.
- Sentiments d'empathie et d'intérêt pour les autres
- Faire preuve de sensibilité à l'égard des sentiments d'autrui
- Accepter la responsabilité de ses erreurs
- La capacité de gérer ses émotions dans des situations difficiles

L'IE est composée de six éléments principaux :

1. **Le bien-être**
   Capacité à développer son propre bonheur, à être optimiste et à avoir une bonne estime de soi.

2. **La maîtrise de soi**
   Capacité à réguler ses émotions, à gérer ses impulsions, et à avoir une bonne gestion du stress.

3. **La sociabilité**
   Capacité à l'empathie, à percevoir les émotions et à les exprimer, et à créer des relations de qualité.

4. **L'émotivité**
   Capacité à gérer ses émotions, à être assertive et à avoir une conscience sociale c'est-à-dire la conscience des causes et des effets de ses paroles et de ses actions sur les autres

5. **L'adaptabilité**
   Capacité à s'adapter à des personnalités et à des contextes différents et éclectiques.

6. **L'automotivation**
   Capacité à trouver ses propres moteurs intrinsèques de motivation pour du durable.

Intelligence émotionnelle et leadership

Selon moi, l'IE est la clé de tout. C'est ce qui fonde l'identité profonde d'une personne et constitue le socle de nos actions et nos interactions. Dans notre société, le haut potentiel (nous reviendrons sur cette notion) se base principalement sur l'intelligence logico-mathématique. Il n'y a qu'à voir dans le système scolaire comment se passe l'orientation : si l'élève est doué en maths, toutes les portes s'ouvrent. Dans le cas contraire, l'orientation peut se révéler difficile. Il n'est donc pas étonnant que beaucoup de personnes, les femmes au premier rang, se sentent moins intelligentes, voire bêtes.

Je ne vais pas m'aventurer sur le terrain du jeu des différences entre les hommes et les femmes. Si certains ont décrété que les femmes et les hommes venaient de planètes différentes, des recherches démontrent que ce n'est pas si simple. En ce qui concerne l'IE, on note que les femmes ont tendance à avoir des scores plus élevés que les hommes. Mais ces résultats sont régulièrement challengés. La faute aux stéréotypes imposés par la société (boys don't cry) mais aussi aux méthodes utilisées par certains tests.

Savoir si les hommes et les femmes ont le même niveau global d'IE n'a aucune importance. Ce qui est intéressant, à l'inverse, est de constater les différences relevées parmi les composantes de l'IE. En général, les femmes ont tendance à obtenir de meilleurs résultats que les hommes dans les domaines de l'empathie, des relations interpersonnelles et de la responsabilité sociale. Les hommes, eux, obtiennent des scores plus élevés que les femmes dans les domaines de l'affirmation de soi, de la tolérance au stress et de l'estime de soi (ou confiance). On comprend sans peine que cela joue un rôle dans l'écart entre les sexes en matière de leadership. Ces différences avantagent souvent les hommes et désavantagent les femmes au travail. (33)

Dès le plus jeune âge, les garçons et les filles ne reçoivent pas les mêmes messages. On encourage très tôt les garçons à être compétitifs, confiants, sûrs d'eux, décisifs, voire agressifs. Ils apprennent la notion de hiérarchie et on leur dit que la victoire est la chose la plus importante. Les filles sont encouragées à prendre soin d'elles, à se soucier des autres, à montrer leurs émotions, à être sociables et empathiques. Elles apprennent que le processus et que les relations avec les autres sont plus importants que la victoire finale.

Nous continuons à recevoir ces messages renforcés à l'âge adulte, notamment sur le lieu de travail. Faites le test autour de vous. Demandez aux gens d'imaginer un leader. La plupart vont penser en termes masculins. Tous (hommes et femmes) vont visualiser un homme (probablement blanc, grand et d'âge moyen) compétitif, confiant, assertif, décisif et indépendant. Je suis prête à parier que vous n'entendrez pas les mots empathie, relationnel, communication, collaboration ou soutien.

Rien d'étonnant donc à ce que les femmes aient du mal à développer leur leadership. Un (et non pas une) leader ne montre pas ses émotions. C'est bien connu.

Stop. Il est temps de dépasser ces idées préconçues. Comme nous le rappelions plus haut, "le leadership est la capacité d'un individu à mener ou conduire d'autres personnes pour atteindre des objectifs" et sans IE, c'est impossible. De nombreux experts estiment que le quotient intellectuel, les compétences techniques et les aptitudes à la communication ne sont pas pertinents si un dirigeant manque d'IE. D'ailleurs de nombreux changements dans la société vont dans ce sens (en médecine (34) ou dans l'intelligence artificielle (35) par exemple).

Une IE forte permet de :

- Développer une culture de travail positive dans l'organisation, ce qui, par ricochet, augmente l'efficacité et la productivité.

- Stimuler la croissance, l'innovation et la créativité au sein de l'organisation et des membres de l'équipe.
- Motiver les membres de l'équipe et les dirigeants à donner le meilleurs d'eux-mêmes.
- Aider les dirigeants et les employés à prendre les bonnes décisions dans les moments difficiles.
- Développer un lien fort entre un leader et son équipe.

Un leader peut obtenir de bons résultats de ses équipes sans avoir un fort quotient émotionnel s'il a beaucoup de chance, des marchés en plein essor et des concurrents maladroits (ça fait beaucoup de si). Mais dès que la situation devient critique, tout risque de s'écrouler, car il n'aura pas su constituer le capital social nécessaire pour tirer le meilleur des personnes soumises à une pression énorme. Lorsque le bateau est en train de couler, l'équipage reste à bord si et seulement si, il respecte son leader, c'est-à-dire le capitaine. L'intelligence émotionnelle est une composante essentielle du leadership. La capacité à gérer ses émotions, ainsi qu'à reconnaître et à influencer celles des autres, a été considérée comme l'un des indicateurs les plus forts de la performance au travail. Les recherches montrent que 90 % (36) des personnes les plus performantes ont une intelligence émotionnelle élevée.

Si vous avez une intelligence émotionnelle développée, vous avez cette capacité à rassembler. Les gens voudront vous suivre coûte que coûte. Et si vous êtes en train de paniquer ou que votre syndrome de l'imposteur est en train de vous dire que votre quotient émotionnel n'est pas assez fort, pas de panique. La bonne nouvelle c'est que l'IE peut se développer à l'infini.

Comment développer son intelligence émotionnelle (IE)

Bonne nouvelle ! Il est possible de développer son niveau d'IE toute sa vie. Les données montrent même qu'en moyenne, l'intelligence émotionnelle des personnes a tendance à augmenter avec l'âge.

Développer son IE revient à améliorer ses compétences extra-cognitives. On les appelle les soft skills, en opposition aux hard skills. Ces dernières regroupent le savoir et le savoir-faire. Ce sont les compétences techniques qui ont traditionnellement tendance à être validées par une formation ou par les expériences. Les soft skills désignent le savoir-être. Ce sont les compétences relationnelles et humaines intrinsèques qui font la personnalité d'un individu et dont fait partie l'intelligence émotionnelle.

Il existe trois manières très efficaces et faciles de développer ces compétences :

1. **La coopération**
   Travailler en intelligence collective sur des projets de collaboration permet de développer son IE au contact des autres.

2. **Le bénévolat**
   Apprendre à se "mettre au service de" oblige à passer d'une posture égocentrée à une posture d'ouverture et de don. Les grandes universités américaines sélectionnent fortement sur ce critère, car elles ont compris la richesse que cela apporte. Des sociétés ont aussi pris ce parti. Par exemple, Google offre la possibilité à ses salariés de faire une demie à une journée entière de bénévolat par semaine.

3. **Le réseau**
   Développer son réseau permet de nouer des relations transverses et d'initier des contacts et tisser des liens en cultivant une ouverture sur les autres et le monde.

Être atypique, c'est une force

Beaucoup de femmes que je suis en coaching se sentent atypiques. Nous en avons déjà parlé, il n'y a rien d'étonnant à se sentir hors norme quand les normes ne sont pas faites pour nous. J'espère vous avoir déjà donné des clés pour relativiser ce sentiment de décalage. Mais j'aimerais aller un peu plus loin, car au fond, que veut dire être atypique ? On entend de plus en plus parler de profils atypiques en entreprise, notamment lors des recrutements. Un profil atypique (selon les normes du monde du travail) est un candidat au CV non linéaire, quelqu'un qui n'a pas suivi la voie classique (les normes ne sont jamais bien loin). Dès qu'un parcours sort un peu de l'ordinaire, il devient atypique. Il peut s'agir d'une personne qui n'a pas suivi les études qui correspondent au poste pour lequel il se présente ou bien quelqu'un qui est parti plusieurs années à l'étranger, ou encore une personne ayant exercé plusieurs métiers qui semblent n'avoir rien en commun. Que vous vous sentiez atypique (par rapport aux normes de l'entreprise) ou que votre CV soit vraiment différent, il faut bien comprendre une chose : tout cela est contextuel.

La définition dépend de la norme liée à la culture dans laquelle on vit, l'époque, mais aussi le type d'entreprise. Selon les secteurs et le type d'entreprise – start-up, PME/TPE, ETI ou grand groupe – les processus de recrutements diffèrent et les profils atypiques ne seront pas accueillis de la même manière. Tout dépend aussi du recruteur.

On m'a souvent dit que j'étais atypique. Au début, j'en souffrais beaucoup. Il faut dire que sortir des rangs était mal vu. Le management était basé sur des méthodes éprouvées (ou épuisées ?). On appliquait à peu près les mêmes modèles année après année pour avoir les mêmes résultats, qui étaient bons par ailleurs. Donc les profils atypiques étaient mal vus, car, avec leur façon différente de voir les choses et leurs prises de risque, ils avaient tendance à casser les schémas et ça faisait peur.

Mais aujourd'hui, tout a changé. Les profils atypiques sont recherchés, car on gère avec l'incertitude en toile de fond permanente. La pandémie du COVID, la guerre en Ukraine, les conflits et les catastrophes qui font le tour de la planète à la vitesse du son, le réchauffement climatique, tous ces événements nous poussent à nous réinventer sans cesse. Les entreprises sont obligées de changer de paradigmes. Si elles reproduisent les mêmes schémas, elles vont droit dans le mur. Elles le savent. Les dirigeants ont intérêt à être atypiques et avoir un haut potentiel émotionnel, car la seule certitude que nous puissions avoir est que tout est incertain.

Avec le temps et l'expérience (sic !), j'ai compris que derrière la notion d'atypisme se cachent les mots transition, évolution ou encore crise. Et c'est une richesse incroyable. Je suis devenue non plus atypique, mais la bonne personne pour le poste. Vous devez être convaincue de cela vous aussi. Votre décalage est devenu une force. Ce qui plaît aux recruteurs dans ces profils, c'est leur capacité à inventer de nouveaux modèles. C'est devenu une compétence stratégique indispensable. Les tests mesurant l'intelligence émotionnelle, comme ceux du Boston College, prennent en compte la capacité à gérer l'ambiguïté et le risque. Avoir tendance à prendre trop de risques est dangereux, certes, mais un bon leader ne doit pas avoir peur d'en prendre. Avant, le monde de l'entreprise avait tendance à considérer le monde comme binaire, sans ambiguïté. Donc les gens qui voulaient prendre des risques et changer les codes étaient mal vus. Le COVID a rebattu les cartes. Le monde de l'entreprise a besoin de ces compétences.

Le monde anglo-saxon a toujours été en avance sur ces questions. Il a toujours privilégié l'expérientiel et le terrain à la théorie. Aujourd'hui, les entreprises françaises vont beaucoup plus vers l'expérimentation. Avant, le département recherche et développement était à part. C'était le seul endroit où on pouvait vraiment tester des choses nouvelles. À présent, il est pleinement intégré. Pour se développer, une entreprise doit évoluer et s'adapter en permanence. Elle a donc besoin de personnes avec le bon câblage.

On entend souvent parler d'intelligence (avec le test de QI notamment). Mais l'important n'est pas de dire si on est plus intelligent ou pas. Ce qui compte, c'est notre mode de pensée, notre câblage. Il existe deux modes de pensée : la pensée séquentielle (ou linéaire) et la pensée analytique (ou arborescente). Leur différence vient de la manière de traiter l'information. La pensée séquentielle adopte un raisonnement étape par étape alors que la pensée analytique se construit via des associations d'idées, des raisonnements multiples. L'objectif n'est pas d'opposer les deux. J'aime prendre l'exemple d'une danseuse sur un éléphant. La danseuse peut être gracieuse, car l'éléphant est stable. Pour les types de raisonnement, c'est la même chose. Si tout le monde était tout le temps en train d'innover et de tout remettre en question, ce serait ingérable. Chacune d'entre nous a un type de raisonnement plus prononcé, mais les deux types de raisonnement sont liés. Il est important de les développer et de les lier. Aujourd'hui, il me semble que les entreprises ont compris qu'elles avaient besoin de profils analytiques, capables d'avoir cette vision plus large et cette capacité à balayer toutes les possibilités afin de résoudre les problèmes. Ainsi, l'imprévisible devient (presque) prévisible.

Les entreprises sont donc convaincues de la puissance de ces profils atypiques. Mais vous, en êtes-vous persuadée ? J'ai une conviction profonde qui ne va pas plaire à tout le monde. Vous êtes prête ? Je suis convaincue que les profils atypiques s'autoéjectent (quasi) tous seuls. Je le vois dans mes coachings, je le vois avec mes amies et dans les entreprises dans lesquelles j'interviens. Il existe beaucoup de dispositifs dans les entreprises pour valoriser ces profils aujourd'hui. L'entreprise a fait des efforts pour les intégrer (dans son propre intérêt, on l'a bien compris). Mais certaines personnes correspondant à ces critères se mettent elles-mêmes des bâtons dans les roues.

Deux raisons à cela. Tout d'abord, il faut bien se connaître. Vous pouvez vous sentir différente, en décalage, sans savoir pourquoi. Une fois que vous avez mis des mots sur votre différence, vous vous sentez soulagée. Mais ce premier pas positif n'est pas suffisant. Vous devez vous sentir fière, convaincue de pouvoir apporter beaucoup à votre entreprise (et au monde en général). Ne vous cachez plus. Le monde a besoin de vos différences.

Le "vrai" haut potentiel

Morgane, 38 ans, femme de ménage, 160 de QI, est repérée par la police (*HPI*). Will Hunting, orphelin, surdoué autodidacte, est déniché par un professeur du MIT (*Will Hunting*). Un adolescent surdoué devient médecin à 14 ans (*Docteur Doogie*). Toutes ces séries et ces films ont un point commun : leur héros ou héroïne sont dotés d'un QI exceptionnel. On les appelle aujourd'hui des HPI ou des zèbres (autrefois des surdoués ou génies). Le cinéma et la télévision adorent ces personnages atypiques, au potentiel intellectuel côtoyant la stratosphère. Arrêtons-nous sur cette forme d'atypisme.

Passer un test de QI peut être une réponse à un sentiment de décalage. En effet, avoir un QI supérieur à la moyenne (on parle de HPI à partir de 130) peut expliquer que l'on se sente différente des personnes qui sont dans la "norme". Mais j'aimerais vous aider à prendre du recul.

Beaucoup de femmes que je suis en coaching ont passé un test de QI. Si certaines ont obtenu un résultat supérieur à la moyenne avec un score homogène et donc la confirmation qu'elles étaient bien HPI, ce qui pouvait expliquer leur sentiment d'être différentes, d'autres n'ont pas reçu cette conclusion (souvent à cause d'un résultat dit hétérogène). Elles restent donc avec un sentiment douloureux : elles se sentent en décalage, mais ne savent pas pourquoi.

Le test de QI n'est pas adapté à tous les profils. Encore une histoire de normes créées par certains pour certains. Le test de QI est fait pour tester principalement le type d'intelligence logico-mathématique. Plusieurs items du test viennent en effet tester ces capacités, pénalisant ainsi les personnes n'ayant pas développé cette forme d'intelligence. Est-ce que cela veut dire que la personne n'est pas intelligente ? Bien sûr que non. Et est-ce que cela signifie que la personne n'a pas du tout un haut potentiel ? Encore moins.

Selon moi, ce test de QI, hyper normé et vieillissant, est dépassé. Il tend à créer une hiérarchie entre les intelligents et les non intelligents. Lorsqu'un enfant est en décalage à l'école par exemple, la réponse de l'institution est de faire passer un test de QI sans tenir compte des autres types d'intelligence. Le risque est de coller une étiquette sur l'enfant en passant à côté de la source de la souffrance et des difficultés.

L'important n'est pas de savoir si on est plus intelligent que son voisin. Ce qui compte, c'est de connaître son mode de câblage (analytique ou séquentiel). La notion de haut potentiel est tellement plus riche et vaste qu'un simple QI ! Contrairement au QI, la notion de haut potentiel (HP) dans sa globalité fluctue tout le temps. Le principal trait du HP est d'ailleurs sa capacité de jongler avec les différents éléments tout en restant en mouvement et en action. Plus on développe cette capacité, plus on développe son leadership.

Il existe six traits pour définir le haut potentiel.

1. **Conscience professionnelle**
   Être capable de planifier pour atteindre des objectifs, faire preuve d'autodiscipline et tendance à l'automotivation.

2. **Ajustement émotionnel**
   Être capable de réagir face au stress et contraintes fortes. Assumer ses responsabilités.

3. **Curiosité**
   Avoir la volonté d'apprendre et d'étudier des données en continu. Avoir une compréhension approfondie de l'entreprise, des collaborateurs et de l'environnement.

4. **Relation au risque**
   Vouloir affronter et résoudre des situations difficiles. Avoir le courage de prendre position et d'expliquer ses propres valeurs. Être proactif.

5. **Acceptation de l'ambiguïté**
   Toujours chercher les explications et ne pas se contenter des solutions simplistes. Être capable d'écouter les opinions divergentes.

6. **Compétitivité**
   Permettre le succès de l'entreprise et des projets.

Ces traits du haut potentiel sont les caractéristiques qui permettent d'avoir de la flexibilité et d'ajuster ses actions en permanence. Dans un monde qui change chaque jour, on comprend qu'il est plus important de développer son agilité que son QI. Ces traits n'ont rien d'intellectuel et heureusement, car ils peuvent se travailler tout le temps et évoluer.

Non seulement ces traits évoluent dans le temps, mais également à un moment donné selon le contexte. En effet, nous avons tous 2 comportements : le naturel et l'adapté. Le comportement naturel est celui que nous adoptons quand personne ne nous regarde alors que l'adapté fait son apparition sous le regard de la société. Pour développer son leadership, il faut chercher à avoir un comportement adapté le plus proche possible de son comportement naturel sinon cela nous procure du stress et l'entourage peut le ressentir.

C'est là que les femmes ont un avantage. Cette capacité à jongler avec les difficultés, à s'adapter à l'environnement et aux changements, c'est de l'intelligence émotionnelle. Il ne suffit pas d'avoir un haut QI pour y arriver. Au contraire, des personnes très brillantes sur le plan intellectuel peuvent se révéler hyper rigides. Le leadership c'est notamment pouvoir gérer plusieurs choses en même temps. Et pour y arriver, c'est le haut potentiel émotionnel qu'il faut développer. Les femmes ont souvent ces aptitudes naturelles, mais elles ne se rendent pas compte que ce sont les éléments clés d'un bon leader. Elles ont même tendance à s'autocensurer, pensant que ce n'est pas ce qui est attendu dans la sphère professionnelle.

En voici un exemple.

“ Une top manager que je coachais travaillait dans une entreprise dont la culture était très orientée sur les résultats financiers. Elle s'efforçait à gommer son comportement naturel, plus orienté vers l'humain, pour aller vers cette logique financière. Son comportement adapté était donc très loin de son comportement naturel. Elle n'avait pas les résultats escomptés et ne comprenait pas pourquoi. Elle avait pourtant l'impression de faire tout ce que l'entreprise attendait d'elle.

Nous avons travaillé sur ses comportements naturels et adaptés et elle a compris pourquoi cela ne fonctionnait pas : son comportement adapté était tellement éloigné de son attitude dans l'entreprise que cela créait des tensions et du stress en elle, ressentis par ses collaborateurs.

Elle a revu son comportement en respectant ses valeurs. Elle a amélioré les relations avec ses collaborateurs qui se sont sentis plus en confiance, ont eu envie de la suivre et ont développé de meilleurs produits. Les résultats financiers se sont envolés.

Je ne dis pas qu'une telle réussite est possible dans toutes les entreprises. Certaines ne laissent pas la possibilité de respecter ses valeurs. C'est la raison pour laquelle il est si important d'apprendre à bien se connaître pour éviter les erreurs de casting. ”

Notre comportement naturel ne change pas. Si vous êtes un rond, vous ne rentrerez jamais dans un carré. Par contre, grâce à l'intelligence émotionnelle et les traits du haut potentiel, vous pouvez transformer les contours de n'importe quelle forme et laisser votre leadership s'exprimer.

PARTIE 3

Définition du leadership

Les différents types de leadership

À présent que vous êtes persuadée que vous pouvez développer votre leadership, reste une question essentielle : quel type de leader souhaitez-vous être ? Ou plus précisément, quel style de leadership voulez-vous incarner ? Je vous préviens tout de suite, il existe plus de catégories que les 2 que l'on a généralement en tête : les bons et les mauvais ! Voici les huit principaux types de leadership.

Le leadership bureaucratique

Ce type de leader est assez courant dans les entreprises. Il ou elle suit les procédures et les méthodes traditionnelles de gestion. Ce leader établit les règles de manière stricte et ses décisions sont sans appel. Il ou elle crée la motivation par la discipline et exige une obéissance immédiate.

Moins efficace : pour mener des personnes très qualifiées qui vont très vite ressentir de la frustration face à une gestion à petite échelle trop rigide.

Efficace : pour prendre une décision dans un laps de temps très court.

Le leadership autoritaire

Le leadership autoritaire implique une réelle supériorité hiérarchique avec des dirigeants qui exercent un certain contrôle sur leurs subordonnés. La prise de décision est centralisée, ce qui signifie qu'une seule personne prend toutes les décisions importantes. Le leader fournit des indications à long terme et se concentre sur les objectifs finaux. Malgré tout, elle ou il crée de la motivation et inspire de l'enthousiasme pour la mission.

Moins efficace : si des conseils explicites sont requis. Ces leaders peuvent être perçus de manière négative, en tant qu'individus dominateurs ou directifs.

Efficace : lorsqu'un changement d'orientation ou de vision est nécessaire.

Le leadership innovant

Ces leaders ont une vision claire de l'avenir de l'entreprise et sont capables de la communiquer efficacement aux membres de leur équipe. Ils ou elles sont capables d'inspirer les autres à travailler vers un objectif commun. Ils ou elles encouragent les idées innovantes et invitent à des conversations collaboratives.

Moins efficace : si les risques sont trop grands et rendent les collaborateurs craintifs.

Efficace : pour résoudre des problèmes complexes.

Le leadership créateur de rythme

Ce leader attend des personnes dans son équipe qu'elles s'impliquent dans les nouveaux projets et qu'elles progressent rapidement. Se concentrant sur la productivité, ce leader crée de la motivation en fixant de hauts niveaux de performance puis mène en montrant l'exemple (mais ne communique pas beaucoup d'instructions).

Moins efficace : s'il est utilisé sur une longue période car, il peut créer du stress.

Efficace : si les membres de l'équipe sont indépendants et ont de bonnes compétences.

Le leadership démocratique

Tous les membres de l'équipe sont invités à participer et à partager leurs idées. Le groupe se sent ainsi responsabilisé, même si le leader a le dernier mot. Tout repose sur des prises de décisions consensuelles. Le leader peut laisser les autres mener si besoin.

Moins efficace : si le temps est limité ou si les membres de l'équipe n'ont pas les savoirs ou les compétences nécessaires pour faire des contributions de qualité.

Efficace : si l'on recherche la créativité et l'innovation. Cela crée de la motivation et de la confiance et rend les personnes plus responsables.

Le leadership affiliatif

Le leadership affiliatif est centré sur les relations. L'intention d'un leader affiliatif est de créer une harmonie au sein de son équipe. Charismatique, s'efforçant d'établir et d'encourager des relations saines pour favoriser un environnement de travail plus positif et collaboratif, le leader met l'accent sur les besoins émotionnels. Elle ou il suscite de la motivation en créant des relations personnelles positives et en évitant les conflits.

Moins efficace : si l'accent n'est pas mis sur la performance et si le leader a du mal à faire des commentaires négatifs ou qu'elle fait du copinage.

Efficace : pour élever le moral des équipes, retrouver une confiance perdue et se sortir de situations de stress.

Le leadership coaching

Ce leader cherche à développer les compétences de ses équipes pour préparer le futur. Il ou elle excelle avec les personnes ou les groupes qui n'ont pas encore atteint leur potentiel et les motive en leur lançant des défis. Il ou elle communique avec des affirmations positives et s'assure de la satisfaction personnelle de ses collaborateurs.

Moins efficace : si les personnes sont rétives au changement.

Efficace : si les personnes sont réceptives à ce type de relation étroite avec leur leader.

Le leadership altruiste

Ce leader personnalise son approche pour répondre aux besoins individuels de son équipe. Son but est de mieux servir les autres. Elle ou il crée de la motivation en adoptant une approche éthique et responsabilisante en se concentrant sur l'écoute active, l'empathie et son engagement à créer une communauté.

Moins efficace : si le leader n'a pas assez de temps pour appliquer sa perspective à long terme.

Efficace : pour créer une culture positive et pour promouvoir une bonne ambiance de travail.

Comment choisir son style de leadership ?

1. Je ne vous étonnerai pas si je vous dis que la première étape pour savoir quel genre de leader vous êtes est de vous connaître. En vous connaissant vous-même, vous pourrez comprendre ce qui est important pour vous et ainsi définir vos valeurs.

2. Observez les leaders que vous respectez. En réunion, lors de conversations avec les clients ou pendant des présentations, prenez des notes sur ce que vous aimez.

3. Testez. Essayez différents styles de leadership. Vous pouvez créer un schéma de ce qui vous intéresse et relire vos notes avant votre prochaine réunion pour voir comment vous pouvez l'intégrer dans vos interactions.

4. Faites-vous coacher. Travailler avec un coach d'entreprise peut également vous aider à affiner votre style de leadership.

5. Demandez aux collègues et aux dirigeants de vous faire part de leurs commentaires. La meilleure approche pour cette stratégie est de planifier ce que vous voulez demander et pourquoi, afin d'obtenir le retour dont vous avez besoin. Pensez à la façon dont les gens pourraient réagir et définissez également des directives et des attentes claires.

Souvenez-vous d'une chose : votre style de leadership peut et va évoluer. Le plus important est de garder cette envie d'avancer et de vous remettre en question.

Les différences entre manager et leader

Se poser la question des différences entre manager et leader revient à se demander qui peut être leader dans une entreprise ? Trop de personnes pensent encore que leader = PDG. Mais c'est faux ! Le ou la PDG peut être un ou une leader. Cela va de soi. Mais ce n'est pas le seul poste où l'on a besoin de leaders. Heureusement.

Toutes les personnes qui occupent un poste de direction (DG, DRH...) ont besoin de développer leur leadership, mais également les chefs de projet, les chefs de service et bien sûr les managers. Toutes les personnes qui ont à gérer une équipe sont des leaders potentiels. Et j'insiste sur le mot "potentiel" car tout dépend de l'état d'esprit de la personne.

Si cette dernière "se contente" de se conformer aux règles et procédures décidées par sa hiérarchie, alors elle n'est pas du tout dans un rôle de leader, mais pourra très bien satisfaire aux exigences de ses employeurs. Elle cochera les cases attendues, pourra atteindre les objectifs, mais cela risque de se faire dans la douleur, car sans leadership, pas de réelle adhésion de ses équipes.

La pandémie l'a bien montré. Bon nombre de managers se sont retrouvés totalement démunis lorsque le télétravail s'est imposé. Selon moi, la raison principale de cette situation vient du fait qu'ils n'avaient pas développé leur leadership. Ils n'avaient pas compris l'importance de créer et de remporter l'adhésion de leurs équipes et d'avoir leur propre vision. Car c'est là la différence principale entre un manager et un leader : le leader a sa propre vision et cherche à la concrétiser pour faire avancer l'entreprise. Le manager cherche simplement à faire en sorte que la vision de l'entreprise soit exécutée. Le leader s'épanouit en brisant la norme et en remettant en question le statu quo. Le manager cherche à se conformer aux règles et aux procédures. Le leader motive ses équipes en se concentrant sur le développement personnel de chacun. Le manager atteint ses objectifs en déléguant des responsabilités à son équipe.

Être un leader n'est ni lié à un genre, ni lié à un poste. Et le poste ne suffit pas à décréter son leadership. Tout est dans l'état d'esprit de la personne. Développer son leadership se décide.

Falaises de verre

Sauf si vous avez résidé sur la planète Mars ces dernières décennies, vous n'avez pas pu passer à côté de l'expression "plafond de verre". Le plafond de verre (de l'anglais *glass ceiling*) désigne le fait que, dans une structure hiérarchique, les niveaux supérieurs ne sont pas accessibles à certaines catégories de personnes essentiellement en raison de mépris de classe, de discrimination raciale ou de sexe. Ce phénomène explique pourquoi la carrière des femmes a tendance à stagner.

Mais depuis quelque temps, on parle de plus en plus de falaises de verre. Tout a commencé en 2005, lorsqu'un article du Times sur les 100 entreprises britanniques côtées à la bourse de Londres a tenté de démontrer que parmi ces poids lourds du marché économique, les compagnies qui avaient une femme à leur tête étaient moins performantes.

Deux chercheurs en psychologie de l'université d'Exeter, Michelle Ryan et Alexander Haslam, ont pensé que cette conclusion n'était pas fondée et se sont donné comme mission de faire leur propre analyse des données. Ils ont démontré que les situations de crise menaient les femmes à être nommées à la tête des entreprises et non l'inverse. Autrement dit, les femmes n'entraînent pas les entreprises vers la crise car c'est déjà la crise, lorsqu'elles sont nommées à leur tête. Et cela fait toute la différence.

La théorie portée par Michelle Ryan se vérifie dans tous les domaines de la société : "Au sommet de grandes compagnies, mais aussi dans le sport, en politique, dans l'éducation, dans l'édition...", commente la chercheuse.

Les falaises de verre sont donc toutes ces situations où les femmes grimpent les échelons en temps de crise. Cela revient à dire qu'on leur confie plus facilement des postes complexes. C'est une forme de discrimination subtile. Les femmes sont mises dans des situations complexes où le risque d'échec est plus élevé. Si échec il y a, cela vient renforcer le stéréotype selon lequel les femmes n'ont pas les qualités nécessaires pour être de bons leaders. Elles sont jugées responsables de la situation, comme le suggérait l'article du Times.

D'où vient ce phénomène ?

Dans un article publié en 2021 (37), Clara Kulich, professeure associée au département de psychologie sociale de l'université de Genève, a mené une enquête avec trois autres chercheuses pour comprendre l'origine de la falaise de verre.

L'étude expérimentale questionne les stéréotypes associés au genre féminin et leur possible rôle dans le choix d'un leader lors d'une crise :

"Nous nous sommes demandé : est-ce que la "glass cliff" est une valorisation des stéréotypes féminins ou bien une discrimination claire, nette et hostile pour voir échouer les femmes et/ou protéger les personnes de l'intragroupe, donc des hommes ?"

Pour vérifier cette hypothèse, des candidates et candidats ont été présentés à un panel de personnes. Les candidats et candidates étaient décrits avec différents types de traits : "communal" (écoute, empathie, sensibilité...) qui correspondent à des archétypes féminins et "agentiques" (confiance en soi, détermination...) qui sont plutôt stéréotypés masculins. La recherche montre qu'en cas des crises relationnelles au sein de l'entreprise, les gens se portent plus facilement vers des personnes aux caractéristiques communales et pour des crises financières vers celles et ceux ayant des caractéristiques agentiques. Néanmoins, l'étude démontre également que les candidats et candidates ayant des qualités dites féminines auront plus de chance d'être choisis dans un contexte de crise financière que dans un contexte sans crise.

Clara Kulich nuance :

> “ *Dans certaines situations, les femmes sont choisies parce qu'elles sont différentes de ce qu'on attend d'un manager dans une entreprise. Lors d'une crise, le remplacement d'un homme par une femme en tant que leader peut symboliser un changement d'image pour l'entreprise.* ”

De plus, les femmes ayant statistiquement moins d'opportunités de postes hauts placés, elles sont plus susceptibles d'accepter des positions à haut risque — là où les hommes peuvent se dire qu'ils auront d'autres opportunités et passer leur tour.

Je rencontre de nombreuses femmes qui ont été dans cette situation et cela ne m'étonne pas.
Quand on a un profil atypique (ce qui est le cas de beaucoup de femmes), notre métier n'est pas de diriger quand tout va bien. Réfléchissez à votre carrière et avouez-le : quand c'est trop calme, vous vous ennuyez, hein ?

Comprendre et accepter ce fait est la première étape indispensable pour avancer. Encore une fois, l'entreprise est une scène de théâtre sur laquelle tout le monde joue un rôle. À vous de comprendre les règles du jeu, de vous en emparer et de bien les utiliser.

Anticiper

Pendant très longtemps, j'avais peur de me faire licencier. Et puis un jour, un événement m'a permis de me libérer de cette peur. La première semaine où j'ai été embauchée dans une société, trois membres du Comité de Direction se sont fait licencier en un week-end. Cela donne vite une idée de l'ambiance ! Je me suis rendu compte que la "durée de vie" moyenne d'un cadre dirigeant dans cette entreprise était de 3 ans. Au bout de 15 jours, je me suis dit : "soit je démissionne tout de suite (et ce n'était pas mon choix, car mon mari et moi venions d'acheter une maison), soit je m'accroche pendant 3 ans". Toutes les personnes avant à mon poste n'avaient pas tenu plus d'un an.

Cette prise de conscience et cette décision m'ont libérée. J'ai compris que je ne ferais pas ma carrière dans cette entreprise. J'ai décidé de faire ce que je désirais vraiment faire. Je me suis investie dans le projet de l'entreprise tout en m'amusant. Je savais que de toute façon j'allais servir de Kleenex. Mais à ce moment-là, j'ai pris cette décision qui allait changer toute ma vie : à partir de maintenant, quand je rentrerais dans une entreprise, j'allais lui apporter quelque chose, bien entendu, mais j'allais aussi attendre que l'entreprise m'apporte quelque chose. Et ce quelque chose devait être clair dans mon esprit dès l'embauche.

Voici ce que je préconise à toutes les femmes que j'accompagne en coaching : négociez votre départ dès votre embauche et prévoyez votre plan B. Les entreprises ont changé. Les contrats de "mariage" pour toute une vie de salariée dans la même entreprise n'existent quasi plus. On vous montrera la sortie un jour ou l'autre. Négociez, prenez un avocat si besoin. Vous devez prendre conscience qu'il est communément admis de ne pas occuper un poste plus de trois à cinq ans. Autant l'anticiper tout de suite, dès l'embauche. Et d'autant plus s'il s'agit d'un poste à haut risque.

Accepter les règles du jeu et vous en servir pour votre carrière vous permet de reprendre la maîtrise de votre vie professionnelle et de ne plus ressentir de la colère, de ne plus avoir l'impression d'être trahie. Votre vie professionnelle est composée de cycles. Un peu comme les saisons que l'on observe dans la nature. Croire que votre parcours est linéaire vous fragilise lorsque l'un de vos cycles professionnels s'achève.

Oui, les hommes et les femmes ne sont pas considérés de la même manière.
Oui, j'espère de tout mon cœur que cela changera à l'avenir.
Mais en attendant, s'en rendre compte, arrêter de trouver cela injuste en permanence et surtout ne plus être en colère et ne plus se battre contre ce système vous aidera à avancer.

Face à une injustice, il existe deux options : s'épuiser en se positionnant comme une victime, ou prendre sa place, ses responsabilités et agir pour faire bouger les lignes petit à petit, à votre échelle. Choisissez votre camp.

Ce n'est pas la personne que vous êtes qui est remise en question mais le rôle que vous jouez dans l'entreprise.

Une des erreurs les plus courantes que font les femmes que j'accompagne en coaching est la confusion entre leur rôle au sein de l'entreprise et qui elles sont vraiment. Très souvent, une femme se sent attaquée en tant que personne, ce qui peut être à l'origine de grandes souffrances. Nous cumulons toutes plusieurs rôles dans nos vies : maman, belle-maman, amie, amante, épouse, partenaire, femme, fille, sœur... prendre conscience de cette notion de rôle est la première étape pour parvenir à prendre le recul nécessaire en entreprise.

Sur votre lieu de travail, vous jouez un rôle. Vous êtes top manager, dirigeante ou autre. Et quand vous vous sentez attaquée, ce n'est pas vous qu'on attaque, mais votre rôle. Votre métier ne définit pas votre identité. C'est vous qui définissez votre rôle dans l'entreprise. Je vais être un peu brutale, mais c'est pour la bonne cause. Les recruteurs sont venus chercher vos compétences, et pas vous en tant que personne. Oui, je sais, c'est un peu exagéré. Car dans tout processus de recrutement, l'humain n'est pas totalement ignoré, mais ce n'est pas le plus important. Ce qui compte pour l'entreprise c'est de savoir si vous avez les compétences pour assumer votre rôle et vos fonctions. C'est un contrat.

La société donne beaucoup de poids à la valeur travail. Si les notions de performance, d'alignement ou encore de sens peuvent être bénéfiques, elles donnent aussi à penser que le travail est tout dans la vie, que notre métier est ce qui nous définit le mieux. D'ailleurs, il n'y a qu'à voir la première question que l'on pose tous et toutes à une personne que l'on rencontre pour la première fois : "Vous faites quoi dans la vie ?". Pas besoin de traduction. Tout le monde sait qu'on ne nous demande pas quels sont nos hobbies, mais bien quelle est notre profession. Il est donc facile de confondre son job et qui on est vraiment.

Si vous êtes une dirigeante atypique, votre rôle est celui de la personne capable de régler des problèmes complexes. Et qui dit problèmes complexes, dit obstacles sur la route. Vous ne pouvez pas en vouloir aux autres de vous voir comme ça. Vous avez été recrutée pour tout ce que vous pouvez apporter à l'entreprise. Prenez-le comme un compliment. Plus vous faites face à des problèmes, plus cela veut dire que votre hiérarchie sait que vous avez les compétences pour trouver les solutions. On accuse souvent les "patrons" de mettre trop de pression, d'être les "méchants", mais tout cela dépend de comment on vit et on voit les choses en tant que personne. Arriver à faire la part des choses entre son rôle et son identité personnelle demande de la maturité émotionnelle. Une fois qu'on y parvient, cela devient passionnant ! Cela devient presque comme un jeu ou une immense pièce de théâtre créative et joyeuse.

Je suis consciente que certains vont penser que je me fais l'avocate du diable en encourageant les entreprises à considérer leurs employés comme des pions.

Laissez-moi vous donner ma vision : un salarié est le pion de son entreprise seulement s'il choisit de l'être. Nous poussons tous le chariot de quelqu'un.

Oui, je sais, ce n'est pas une opinion très populaire. Je l'assume. Penser qu'en tant que salarié, on n'a aucune puissance face à l'entreprise n'est ni plus ni moins que de la victimisation. Tout le monde a la puissance, les ressources et l'intelligence nécessaires pour se positionner face à une hiérarchie. Il faut simplement comprendre les règles du jeu et ne pas se poser en victime justement. Le prérequis est d'arrêter de considérer que la relation entreprise / employé est à 100 % de la responsabilité de l'entreprise et à 0 % celle des salariés. C'est faux. C'est du 50/50. C'est une corde tenue par deux entités : une personne et une organisation morale. Si l'une lâche, l'autre tire naturellement toute la corde à elle. La force doit être répartie équitablement pour permettre de conserver la corde légèrement tendue sans qu'elle se rompe.

PARTIE 4

Mode d'emploi de leadership

à l'usage de toutes les femmes

J'ai peur donc j'y vais

La confiance en soi et le passage à l'action, pour beaucoup, c'est un peu comme l'œuf et la poule. Si on leur demande lequel arrive en premier, ils ne savent pas quoi répondre. Il y a une croyance fortement ancrée qu'il faut avoir confiance en soi pour oser passer à l'action. On a l'impression que les personnes qui réussissent sont celles avec une jauge remplie à ras bord de confiance en soi, comme si elles étaient tombées dans la marmite dès leur naissance.

C'est totalement faux. Il faut arrêter de croire que personne n'a peur et que toutes celles qui réussissent ont toujours eu confiance en elles. Ça n'arrive jamais. Oui, vous avez bien lu. J'ai bien dit JAMAIS.

Témoignage de Chloé Clair, Dirigeante de NamR – entreprise innovante au label French Green Tech

“ *J'ai toujours été assaillie par le doute. Quand j'ai compris ce qu'était le syndrome de l'imposteur, j'ai dit : "Ah ben, c'est moi !". Et pourtant, les gens qui me côtoient tous les jours me disent "Tu as tellement confiance en toi ! C'est vraiment une énorme force."*

À partir du moment où je me suis rendu compte que je doutais parce que j'étais soit trop jeune sur un poste, soit parce que je viens du BTP et que j'arrivais dans la Tech, j'ai arrêté d'écouter cette petite voix qui me disait "Mais qu'est-ce que tu fais là ?".

Il y a un TED Talk sur le sujet "Fake it until you make it" et ça a été une révélation. Il me suffit de me mettre dans une posture de confiance pour me dire que je vais y arriver. C'était ce que je faisais intuitivement. Et c'est ce que j'allais continuer de faire.

C'est un message que je passe aux jeunes filles : " Oui, tu n'as pas confiance en toi, tu doutes. Tant pis, vas-y quand même et "fake it until you make it". Tu verras, ça marche. ❞

Le doute fait partie du jeu. La première et la plus grande croyance à détricoter est de penser qu'il faut d'abord avoir confiance en soi pour oser sortir de sa zone de confort. C'est l'inverse. Plus on ose et plus on acquiert de la confiance en soi. Le courage n'est pas l'absence de peur. C'est oser passer à l'action malgré la peur. Dans son TED Talk dont parle Chloé Clair, Amy Cuddy, psychologue sociale et professeur à la Harvard Business School, expose les résultats de son étude sur la façon dont les expressions non verbales de pouvoir (telles que les postures expansives, ouvertes et occupant l'espace) affectent les sentiments, les comportements et les niveaux d'hormones des personnes. Elle affirme notamment que l'adoption de postures corporelles associées à la domination et au pouvoir ("power posing") pendant seulement deux minutes peut augmenter l'envie de prendre des risques et améliorer les performances lors des entretiens d'embauche par exemple. Si les résultats de ses recherches ont été critiqués depuis par d'autres scientifiques (38), sa théorie "Fake it until you make it" (faire semblant jusqu'à ce qu'on y arrive) a été reprise dans le monde entier et transposée dans beaucoup de domaines. L'idée principale est de souligner qu'à chaque sortie de sa zone de confort, il y a ce moment de doute et de peur qu'il faut dépasser pour acquérir plus de confiance en soi.

Tout comme elles attendent de cocher toutes les cases d'une fiche de poste pour postuler, les femmes cherchent à développer leur niveau de confiance en elles avant de passer à l'action. Le problème est qu'elles peuvent passer leur vie à attendre d'y parvenir. La confiance en soi se nourrit de toutes nos expériences, qu'elles soient positives ou négatives. Dans notre culture, l'échec est vu comme négatif alors que dans les cultures anglo-saxonnes, il est considéré comme un passage obligé et même exigé par certaines entreprises. Car, qui n'a jamais connu d'échec n'a jamais osé. C'est logique. Donc les échecs peuvent

nourrir votre confiance en vous-même si, et seulement si, vous décidez de le voir comme une étape positive dans votre vie. On peut passer une vie entière à essayer d'avoir confiance en soi et on ne sera jamais passé à l'action. Le courage est un choix personnel. Oser est un choix. Ne pas oser, c'est aussi faire un choix. Mais alors, comment faire le choix de l'action malgré la peur ? Quand j'ai décidé d'écrire ce livre, j'ai eu peur. Et quand j'ai voulu interviewer des femmes aux parcours incroyables pour mon podcast, j'ai eu très peur. Je ne savais pas si j'allais y arriver, j'avais peur de ne pas être à la hauteur... À aucun moment je n'ai pas eu peur. Mais j'ai osé. Pourquoi ? Parce que l'envie était irrésistible.
Ce qui m'a poussé à le faire, c'est le besoin de transmettre, de faire quelque chose qui soit utile pour les femmes, de jouer mon rôle dans la société et d'apporter ma pierre à l'édifice de l'empowerment des femmes.
Écrire ce livre était clairement une sortie de ma zone de confort. Mais l'envie était trop forte. Je savais que j'allais faire des erreurs. Pardon, je rectifie : je savais que j'allais me mettre à l'épreuve et faire un apprentissage, donc que j'allais sortir grandie de cette expérience si riche et si intense.

Témoignage de Catherine Blanc, psychanalyste et psychothérapeute spécialisée en sexologie et auteure de nombreux ouvrages.

“ *Sortir de ma zone de confort m'a toujours aidée à m'émanciper et bousculer des idées reçues de mon propre enseignement et de ma clinique. Ne pas m'enfermer dans des choses que je maîtrisais, oser explorer de nouveaux territoires, me mettre dans le risque et connaître des victoires et des échecs cuisants m'a permis d'apprendre énormément.*

La peur est le propre de l'être humain. Mais ce sur quoi je me suis appuyée a été mon désir profond de vouloir faire 10 000 choses. Quand j'ai été sollicitée et que j'avais peur de ne pas réussir ou que je savais que je ne savais pas faire, je me suis dit que si les personnes me le demandaient, c'était parce qu'elles avaient confiance en mes capacités de réussir.

C'est un tremplin formidable. Et grâce à mes patients, j'ai pu grandir. Leur dire "regardez ce que vous avez réussi à dépasser, c'est incroyable", les encourager à oser.

Je ne peux pas ne pas me servir de la même observation et ne pas me permettre d'oser moi-même. ”

N'attendez pas de ne plus avoir peur pour oser vous lancer. La peur est un excellent signal que le projet vous tient à cœur, que vous avez envie de bien faire. Pensez à la réplique de Sarah Bernhardt à une jeune comédienne qui, en pensant impressionner la célèbre actrice, lui a déclaré : "Moi, je n'ai jamais le trac". Madame Bernhardt a eu cette réponse cinglante et si juste : "Ne vous inquiétez pas, ma petite, ça vous viendra avec le talent." Tous les plus grands continuent à avoir peur et à connaître le syndrome de l'imposteur. Mais cela ne les empêche pas d'oser et d'avancer.

Attention aux promesses du développement personnel. Depuis quelques années, ces pratiques ont pris de plus en plus de place. Je ne dis pas que tout est négatif, mais je pense que parfois, cela peut inhiber certaines femmes, qui, par ailleurs, sont les premières consommatrices de ce genre de programmes promettant d'ouvrir les vannes de la confiance en soi.

Il y a une grande emphase sur la nécessité de développer cet axe et je suis persuadée que cela empêche beaucoup de femmes d'oser, car elles pensent devoir/pouvoir remplir leur jauge de confiance en elles-mêmes avant de se lancer dans l'inconnu.
Mais à nouveau, il s'agit du résultat d'une éducation biaisée, qui produit à la chaîne de bonnes élèves qui veulent être parfaites, tout le temps et à chaque fois...

Je m'autorise l'échec et la capacité de rebond avec douceur vis-à-vis de moi-même

Les filles sont éduquées pour obéir. Nous avons parlé du syndrome de la bonne élève, celle qui lève la main en classe et qui attend qu'on lui donne le droit de parler. Mais c'est aussi le fait de faire attention, de ne pas être trop casse-cou au risque de se voir affubler du sobriquet détestable de "garçon manqué".

À cette vision sexiste s'ajoute l'héritage culturel. Dans la culture française, l'échec est vu comme quelque chose de négatif qu'il faut éviter à tout prix. Pour les Anglo-saxons, c'est tout l'inverse. L'échec est une expérience incontournable. Certaines grandes entreprises n'embauchent que des personnes qui ont connu des échecs, car cela veut dire qu'elles ont le goût du risque et ne restent pas dans leur zone de confort.

S'autoriser l'échec, cela veut dire que l'on est OK avec cela et que l'on accepte de changer sa vision. On ne voit plus l'échec comme un manque de réussite, mais bien comme un apprentissage. C'est une opportunité d'élargir sa zone de confort et d'apprendre de nouvelles choses sur soi et le monde. Ce n'est ni un manque de temps ni un retour en arrière. Au contraire, c'est un pas en avant. Et un pas de géant, car peu de personnes, surtout parmi les femmes, osent prendre le risque d'échouer.
Mais encore faut-il apprendre à échouer. Il ne s'agit pas de s'autoflageller chaque fois que l'on ne réussit pas quelque chose. Et c'est là que les femmes doivent apprendre à être douces avec elles-mêmes. J'ai l'habitude de dire que nous les femmes sommes nos meilleures ennemies.

Lorsque je coache une femme et que je l'entends tenir des propos très durs envers elle-même, je lui demande si elle agirait de même avec sa meilleure amie. La réponse est toujours identique : bien sûr que non !

Les femmes sont souvent très bienveillantes avec les autres. Quand il s'agit d'aider ou de rassurer avec des paroles réconfortantes des amies, des enfants, notre conjoint, nous le faisons avec plaisir et sans hésiter. Nous trouvons les mots justes et leur donnons le droit à l'erreur.

Mais quand nous nous adressons à nous-mêmes, ce n'est pas la même histoire. Nous sommes très dures et exigeantes et pouvons avoir des pensées cinglantes.

Nous ne nous donnons pas le droit à l'échec, comme si nous devions être parfaites tout le temps.

Témoignages de Dominique Delage, Directrice générale d'Akillis et de Claire Iversenc, qui, riche d'une expérience de 30 ans dans le secteur de la finance, développe pour son groupe bancaire une Sustainability Academy.

“ *Quand j'ai eu des missions qui me faisaient sortir de ma zone de confort, je ne m'autorisais pas l'échec. Cela occasionnait des comportements peut-être plus durs, plus travailleurs.*

Je me disais que je devais travailler plus pour montrer que je savais le faire", explique Dominique.

"Ce comportement venait d'un manque d'assurance ou de la peur de ne pas être à la hauteur" avoue Claire Iversenc. ”

C'est encore plus vrai dans le cadre professionnel. Reproduisant l'attitude qu'elles avaient dans la salle de classe, les femmes cherchent les bonnes notes auprès de leur hiérarchie. Si elles échouent dans l'entreprise, elles sont persuadées que ce sera mal vu. C'est vrai, ça le sera, mais seulement si elles-mêmes le voient comme cela.

Rappelez-vous, l'entreprise est un théâtre dans lequel tout le monde joue un rôle. Ce ne sont pas les personnes qui sont ciblées, mais bien le rôle qu'elles représentent dans la structure. Et le rôle de "la personne qui échoue" peut être interprété de 2 manières : soit celle de la personne qui s'autoflagelle et qui rase les murs, soit celle de la personne qui valorise son échec en le transformant en expérience et apprentissage. À votre avis, entre les deux, quelle est la plus positive ?

Au long de ma carrière, j'ai vu des dizaines d'hommes se tromper. La plupart d'entre eux ont adopté la bonne attitude : ils ont valorisé leur échec en apprentissage. Cette capacité est constructive. Pour la personne d'abord, car cela lui permet de tirer le positif pour s'améliorer et aller de l'avant. Mais aussi pour l'entreprise qui a un employé qui génère du respect en montrant son humilité et sa force à apprendre de ses erreurs.

Ce que les autres perçoivent, c'est ce que l'on exprime. Si vous parlez de votre échec de manière négative, c'est cette vision que votre hiérarchie vous renverra. À l'inverse, si vous l'exploitez tel un apprentissage, tout votre entourage en fera de même.

Une fois l'échec démystifié, on est libéré. Sans épée de Damoclès au-dessus de notre tête, nous sommes libres d'oser.

Témoignage de Dominique Delale :

“ *Osons et essayons ! Il y a plein d'activités personnelles ou professionnelles pour lesquelles l'on se met des freins. Si on a l'occasion, essayons et peut-être que nous serons surprises en nous disant "ah ben finalement, j'aime bien ça".*

Si l'on me propose de sauter en parachute, je vais essayer. Peut-être que j'aimerais. ”

C'est en sortant de notre zone de confort que nous pouvons progresser.

Témoignage de Catherine Blanc :

“ *En testant de nouvelles activités, je vais vivre, expérimenter des cas concrets, des émotions, des sensations qui vont me permettre de les utiliser dans le cadre professionnel.*

C'est là où les Anglo-saxons sont bons, car il y a beaucoup d'expériences extrascolaires proposées lors des cursus académiques alors qu'en France on est trop dans la rigidité scolaire intellectuelle.

Ce sont des expériences de vie, des mises en situation concrètes, des prises de risques qui permettent de dépasser ses peurs et de grandir. ”

Après tout, l'échec fait partie de la vie. Il faut l'accepter et le dompter. Tout comme notre vulnérabilité et notre sensibilité.

Vulnérabilité, intuition, être juste humaine

Je viens de vous expliquer qu'en entreprise, chacun incarne un rôle type et qu'en prendre conscience est une étape indispensable pour mieux gérer sa carrière professionnelle et développer son leadership. Mais il reste encore un problème à surmonter pour les femmes : il ne faut pas se tromper de rôle ! Souvent, les femmes pensent qu'elles doivent jouer le rôle de la femme forte, qui ne montre pas ses émotions et qui, en somme, adopte les codes dits masculins.

Témoignage de Stéphanie De Luca :

« *À un moment, j'étais un manager très autoritaire, dictateur. J'avais vécu et donc reproduit le management dans la souffrance, sans vraie formation à la base.*

Après en avoir pris conscience et grâce à une formation, j'ai appris à m'ouvrir. »

Nous en avons déjà parlé : à cause de ou grâce à (choisissez votre camp) l'éducation, les femmes ont tendance à avoir un sens de l'empathie et une gestion de leurs émotions plus grandes que les hommes. Mais, alors qu'elles n'ont aucun mal pour s'en servir dans leurs vies de tous les jours, elles ont tendance à cacher leur sensibilité dans le cadre professionnel. Pourtant, l'intelligence émotionnelle est un super pouvoir, une compétence hors norme qui est de plus en plus demandée par les entreprises.

Témoignage de Caroline de La Palme :

« Ceux qui agissent avec l'intelligence émotionnelle sont ceux que l'on suit en priorité et à qui on a envie de donner le meilleur de nous-mêmes.

C'est extrêmement moteur par rapport à quelqu'un qui ne serait que dans la posture du manager dictatorial.

Quelqu'un qui est dans la notion de partage et d'écoute est une personne avec qui on a envie de travailler. »

Il faut donc arrêter de penser que notre (hyper)sensibilité est un empêcheur de gravir des échelons. Encore une fois, tout est une question de conscience et de vision.

Témoignage de Julie Payet :

« Lorsqu'on accepte son intelligence émotionnelle, on peut avoir confiance, se faire confiance et développer son intuition.

Beaucoup de femmes ont ce pouvoir inné de l'intuition. Elles ont l'impression d'être des éponges.

Dès que je rentre dans une pièce, je sens tout ce que les gens ressentent. C'est un de mes points forts. »

Ce n'est pas le cas pour toutes les femmes (le stéréotype de l'intuition féminine a la vie dure). Mais bonne nouvelle : elle peut se développer.

Témoignages d'Isabelle Bové et Guila Clara Kessous :

“ *J'ai réussi à apprivoiser mes émotions grâce au théâtre.”*

“Sur scène, j'ai développé mon intuition alors qu'avant je réprimais mes émotions. ”

Il faut se faire confiance et comprendre que l'intuition est un radar aussi important que nos autres compétences. L'intelligence du cœur et du corps sont liées et puissantes. Dans un monde de plus en plus dominé par l'intelligence artificielle, c'est par l'intelligence émotionnelle que les êtres humains pourront garder un temps d'avance et faire la différence.

Les femmes doivent arrêter de considérer leur sensibilité comme un problème. Dernièrement, on a vu Jacinda Ardern, ancienne Première Ministre néo-zélandaise, oser montrer ses émotions à l'annonce de sa démission. Les réactions ont été très positives dans le monde entier et chacun a salué son courage et tout ce qu'elle a apporté à son pays en des temps de crise.

Contrairement à ce que certains peuvent penser, l'intuition n'est pas de la magie. Elle est le résultat de notre vécu, de nos expériences. C'est un peu comme un ordinateur : le résultat que l'on voit à l'écran vient à 90 % du code auquel on n'a pas accès et que l'on n'a pas besoin de maîtriser pour comprendre ce qui s'affiche. Votre cerveau est un processeur puissant en qui vous pouvez avoir confiance.

Donc lorsque votre corps vous envoie des signaux que quelque chose ne va pas, écoutez-le. Il n'est pas nécessaire de savoir mettre des mots dessus. Après tout, 90 % de la communication est non verbale. Lors d'un entretien d'embauche ou une réunion, il n'est donc pas étonnant que vous ressentiez des choses, positives ou négatives, sans pouvoir les expliquer. Il y a même très souvent un décalage entre ce qui est dit et ce qui est montré par une personne. Encore une fois, faites-vous confiance. Vous savez. Ou plutôt, votre corps sait.

Une leader se doit de montrer ses émotions et si cela bouscule les codes établis, tant mieux. L'audace deviendra votre alliée.

J'ose demander

Que celles qui attendent que tout soit parfait pour oser passer à l'action lèvent la main ! Nul doute que si vous posez cette question à un groupe de femmes, il n'y aura pas beaucoup de mains baissées. Les femmes pratiquent une forme assez poussée d'autocensure qui se traduit dans divers contextes :

- Elles n'osent pas demander de promotions
- Elles n'osent pas postuler à un emploi pour lequel elles ne cochent pas 100 % des compétences
- Elles n'osent pas poursuivre des études scientifiques
- Elles n'osent pas prendre la parole lors des réunions

Dominique Delale se rappelle :

“ *Parfois, il y avait un poste ouvert, et je me disais "mais est-ce que j'en suis capable" ? Et donc, je m'interdisais même de postuler, en me disant "je ne vais pas y arriver, je ne coche pas toutes les cases".*

Alors que j'ai vu à côté de moi, certains de mes pairs et plutôt des hommes en général, qui étaient loin d'avoir tout le scope qui était attendu par le poste en question, mais qui n'avait aucune hésitation à postuler et qui ne voyaient aucun problème, en disant, ce n'est pas grave, si je ne sais pas faire 25 % des tâches, cela ne pose aucun problème. ”

Nous l'avons vu, cette attitude vient de l'éducation genrée mais également de la culture.

Témoignage de Dorothée Dehecq :

« J'ai eu l'occasion de travailler avec des pays différents au cours de ma carrière. J'ai noté que deux types de femmes avaient des comportements surprenants. C'étaient des Américaines – on pouvait s'y attendre –, mais également les Chinoises.

Pour les Chinoises de Taïwan et de Hong Kong, avant que ne s'ouvre la République populaire de Chine, comme pour les Américaines, j'ai pu constater qu'il y avait beaucoup moins de questionnements par rapport à leur légitimité, à leur confiance en elles. On pourrait les qualifier de fonceuses.

Elles ont beaucoup moins d'états d'âme que, par exemple, les Françaises qui s'interrogent, s'analysent, se comparent pour évaluer si elles sont à la hauteur ou si elles vont réussir. »

L'audace, c'est ne pas s'autocensurer. C'est ne pas créer des barrières là où il n'y en a encore aucune ! Jamais je n'aurais osé demander une promotion lors de mon congé maternité et pourtant, c'est ce qu'il s'est passé. Ma hiérarchie souhaitait tellement me voir revenir qu'ils m'ont offert cette promotion. Beaucoup de femmes s'autocensurent par rapport à cette question de la maternité. Mais si nous voulons voir la société et les mentalités évoluer, il faut oser et ne pas renoncer avant même d'avoir commencé.

Témoignage de Rebecca Fischer Bensoussan, co-fondatrice de la startup Yolo, qui a fait bouger les lignes :

« J'ai été recrutée à 35 ans dans un Comité de direction d'une société de gestion et j'étais enceinte de mon troisième enfant.

Donc, je suis arrivée avec mon ventre de quatre mois et demi dans ce job dans lequel j'étais effectivement la plus jeune, où per-

sonne ne m'attendait, où je remplaçais évidemment quelqu'un qui était bien plus âgé que moi et qui n'était pas une femme.

J'y suis allée en me disant "si on pense que je peux le faire, c'est que je peux le faire".

Donc voilà, avec beaucoup de simplicité. Je n'ai pas réalisé sur le moment à quel point cela avait été impactant pour les femmes de mes équipes et d'autres équipes dans l'entreprise qui c'étaient dit, "mais en fait, c'est possible !". ”

Se donner le droit donne le droit aux autres.

Le "non" fait peur. C'est normal. Mais il faut le dédramatiser. Ce n'est pas parce qu'on vous dit non que vous êtes nulle. Cela veut juste peut-être dire que ce n'est pas le bon timing. Il faut se préparer à recevoir le non. C'est une aptitude qui se travaille, comme un muscle. Plus on ose, plus on y arrive. Il suffit souvent de se poser cette simple question : si j'ose demander telle ou telle chose et qu'on me dit non, est-ce que je peux survivre à cela ? Dans 99 % des cas, la réponse est oui. Cela fait un peu mal à notre égo, mais on s'en remet vite.

Osez, soyez courageuse.

Lucille Desjonquères raconte :

“ *À l'époque, il y avait peu de sociétés qui s'engageaient [à accueillir des femmes dans les Conseils d'Administration], du coup, les médias sont venus.*

Puis j'ai animé des conférences, alors qu'auparavant, j'étais incapable de prendre un micro et de m'exprimer ne serait-ce que devant trois personnes.

Donc on est dans le donner/recevoir, parce que finalement quand on part comme cela sur un sujet sociétal d'une telle importance qu'est la femme, on se surprend soi-même dans cet engouement à pouvoir faire des choses qui font bouger les lignes.

Si je l'ai fait, toutes les femmes peuvent le faire. Il ne faut pas être enfermée dans ses propres croyances. Il faut y aller. ”

Et si au final, il ne s'agissait pas pour les femmes de "fake it until you make it", mais bien de révéler leurs vraies valeurs ?

Je me connecte à mes valeurs profondes et à ce qui me rend fière et heureuse

Et si le problème venait du fait que les femmes n'étaient pas fidèles à leurs valeurs ? On l'a dit et répété : la société fait peser sur les femmes des idées préconçues qui créent des barrières réelles ou mentales.

Catherine Blanc témoigne de cette pression, notamment celle de l'image de la femme :

« *De mon côté, je suis psychanalyste, sexologue, je suis dans mon cabinet, et tout d'un coup, j'ai été sollicitée dans le cadre des médias.*

En face de moi, il y a majoritairement des hommes. Il fallait que je sois autre chose que simplement une jolie image. Il a fallu faire entendre ma voix.

Il y a eu des moments où ce fut compliqué, où je me suis rendu compte que je me rigidifiais pour paraître plus sérieuse.

Je n'osais pas la souplesse de mon discours, je n'osais pas les sourires, par peur d'être coincée dans une image trop sur le physique, comme si la femme ne pouvait avoir qu'un physique.

J'étais même un peu trop dure, et pour une sexologue, je trouvais cela pas très vendeur.

Je naviguais entre l'idée de ne pas être trop féminine et l'idée de ne pas paraître complètement coincée. ”

Il est donc primordial pour les femmes d'apprendre à se connaître, de "prendre le temps de s'accueillir avec ce que l'on est" comme l'explique Catherine Blanc, pour prendre du recul vis-à-vis des injonctions de la société.

Apprendre à se connaître est plus difficile qu'il n'y paraît, car il faut se défaire des étiquettes qui nous collent à la peau, mais qui parfois nous rassurent, car elles nous font entrer dans un groupe et nous permettent d'être acceptées.

C'est pour cela que, comme l'explique Dominique Delale :

“ *[...]qu'il faut le faire avec honnêteté. Parce qu'il y a parfois une différence entre qui nous sommes et l'image projetée, tel que l'on aimerait être perçue.*

Dans l'environnement professionnel, cela pèse énormément. Donc, ne pas paraître, mais être authentique avec soi-même.

L'environnement attendait de moi une certaine posture, mais en réalité, ce n'est pas exactement moi. ”

C'est cette fameuse question de l'alignement, question ô combien délicate...

Témoignage de Caroline de La Palme :

“ *C'est un équilibre. Je pense que c'est vraiment un exercice de funambule permanent. Si j'ai une image à mettre sur l'alignement, c'est le funambule, on est sur le fil et ce fil c'est soi-même.*

C'est un travail d'équilibre, entre ce que l'on est profondément et ce que l'on génère. Parfois en un coup de vent, vous tombez du fil, mais heureusement vous avez une petite corde et vous remontez.

Pas souvent au même endroit, mais vous reprenez les choses.

L'alignement, c'est ce chemin d'équilibre entre ses valeurs profondes et ce que nous donne à vivre la vie que l'on choisit ou pas. »

Guila Clara Kessous, artiste de l'UNESCO pour la paix et coach executive, préconise la méthode des 3 C : le cerveau, le cœur et le corps.

Témoignage de Guila Clara Kessous :

« *Tout ce qui touche au cerveau est aligné avec ce que l'on ressent au niveau émotionnel, avec le cœur, puis il est incarné au niveau du corps. Lorsque l'on parle d'alignement, c'est qu'en fait, le corps va refléter justement ce qui a été ressenti et va être exprimé par des mots.* »

Être alignée c'est oser écouter ses propres désirs.

Surtout lorsque l'on envisage nos choix, lorsque l'on analyse nos décisions par le prisme de la perspective, du temps qui passe.

Claire Iversenc nous livre sa méthode :

« *Dès que j'ai un doute sur une décision, je m'imagine à 80 ans face à mon miroir, et je me dis, est-ce que je serai fière de ma décision ?*

Si la réponse est oui alors j'y vais. Si la réponse est non, je refuse. »

Derrière cette notion d'alignement se cache peut-être une question plus profonde : celle de la définition de la réussite. Nous prenons parfois des décisions pour coller à une image de la réussite proposée par la société, mais qui n'est pas forcément celle qui nous correspond. Ce qui rend heureux n'est pas de correspondre à une image imposée par les "autres", mais bien à celle qui nous est propre.

Comme le souligne Catherine Blanc,

« *Être heureuse, c'est la différence entre la réussite et l'accomplissement.* »

Au lieu de courir après une réussite qui n'est pas la nôtre, chercher son accomplissement est le chemin à suivre pour trouver le bonheur.

Et c'est un chemin qui peut-être long.

Comme le rappelle Natacha Hochet-Raab :

« *Je pense que c'est aussi là où certaines jeunes filles peuvent avoir des difficultés parce que ça ne vient pas tout de suite et que c'est une question aussi de maturité et d'histoire de vie.*

Trouver cet alignement, donner le meilleur de soi-même, sans trahir sa personnalité.

Ce n'est pas simple. Je pense que c'est un vrai projet de vie. »

Travailler et définir sa vision demande du temps, de l'énergie et surtout du courage. Prendre les bonnes décisions veut parfois dire aller contre l'avis des autres et ce qui est attendu par la société.

Ce qui provoque une bifurcation dans le chemin de carrière, qui sera dès lors lu comme atypique.

Alors qu'elle était promise à une très belle carrière chez Vuitton, Dominique Delale a décidé de s'écouter :

Son témoignage :

“ *À un moment, j'ai touché les limites, pour ce qui me concerne, d'une organisation pluridimensionnelle, extrêmement sauvage. J'ai compris que cela n'entrait plus en résonance avec mes valeurs ni avec mon envie de fonctionner.*

Là encore, je me suis sabotée dans le sens où l'on m'a fait une proposition que j'ai refusée, et sachant qu'en la refusant de nouveau, je me mettais dans une situation de blocage qui m'amènerait à en partir. Et c'est ce qui s'est passé.

Mais je ne me voyais plus continuer à évoluer à contre-courant de mes moteurs profonds.

Je me suis sentie plus heureuse par la suite et cela ne m'a pas empêchée de faire une très belle carrière. ”

La seule question à se poser est : "Qu'est-ce que je veux vraiment ?"

Claire Iversenc relate :

« *J'ai abordé ma vie professionnelle, en pensant dès le départ, qu'est-ce que je veux vraiment faire ? Qu'est-ce que je veux faire de ma vie ? Et en me posant cette question, déjà adolescente, cela a déterminé mes études.*

J'étais plutôt faite pour être ingénieure, mais je suis allée vers l'école de commerce. Ensuite, ayant une vision assez claire de ce que je souhaitais ou ne souhaitais pas dans la vie, cela ne m'a posé aucun problème de dire non dès que cela sortait du cadre.

Dans ma carrière, on m'a dit que la voie royale c'était d'aller là. J'ai dit non. Donc, je n'y suis pas allée et j'ai choisi ma voie. Et, in fine, cela m'a réussi tout autant.

Bien sûr, il y a des gens qui font des carrières fulgurantes, mais moi, je suis très contente avec celle que j'ai eue.

Le déclencheur a été une vision claire de ce que je voulais vraiment et qui m'a suivi toute ma vie et qui année après année, ne s'est jamais démenti. Heureusement. »

Une autre clé de la réussite, sous-exploitée par les femmes, est celle de bien s'entourer. Comment changer cet état de fait ?

Je m'entoure de mon team personnel comme un sportif de haut niveau

Nous sommes la moyenne des cinq personnes qui nous entourent. Je ne dis pas qu'il faut nécessairement prendre cette théorie, avancée par Jim Rohn, entrepreneur et coach en développement personnel et en motivation, au pied de la lettre, mais si vous voulez faire l'exercice en listant les cinq personnes les plus proches de vous, allez-y. En tout cas, elle a le mérite de nous faire réfléchir à l'impact de notre entourage qui est, lui, bien réel.

Là encore, les femmes font face à deux obstacles : leur genre et leur culture.

On n'apprend pas aux femmes à demander de l'aide, c'est elles qui doivent en apporter. Elles sont les aidantes, celles sur qui on peut compter. Depuis les années 80 et le mythe de la working girl, les femmes ont un poids immense sur leurs épaules (littéralement représenté par les épaulettes des années 80) : celui d'être sur tous les fronts. Elles doivent être mères de famille, épouses, mais aussi épanouies professionnellement. Et tout cela, en restant autonomes.

Elles pensent que demander de l'aide revient à avouer une sorte d'incompétence. Si je ne réussis pas seule alors cela veut dire que j'ai échoué. Mais cette vision est fausse. Demander de l'aide ne veut pas dire être faible. C'est même tout le contraire.

Oser dire que l'on rencontre une difficulté et demander à quelqu'un de nous aider montre que l'on met toutes les chances de son côté pour progresser, comme l'a très bien compris Dorothée Dehecq :

“ *Au retour de mon troisième congé maternité, je suis revenue au bout d'un an, et là, il y avait un client que j'arrivais très bien à suivre avant de partir, mais qui allait mille fois plus vite que moi à mon retour.*

Je me suis dit, mais qu'est-ce qui s'est passé ?

Et puis, il y a un moment où cela devenait très agressif. J'ai tout de suite levé le doigt auprès de mon manager, en lui disant, là, il y a un problème, je pense que c'est déviant.

Il est intervenu auprès du client. Et c'est rentré dans l'ordre. ”

En France se pose un deuxième obstacle, celui de la culture.

Contrairement aux pays anglo-saxons, nous n'avons pas, ou nettement moins, de notion de mentorat en entreprise. Fondé sur l'échange et le partage d'expérience, le mentorat est un accompagnement finalisé et structuré dont le but est de permettre au mentoré de remplir plus efficacement sa mission. Basé sur une relation interpersonnelle (la relation mentorale) volontaire, gratuite et confidentielle, dans laquelle une personne d'expérience (le mentor) investit sa sagesse acquise et son expertise pour favoriser le développement d'une autre personne qui a des compétences et des habiletés à acquérir et des objectifs professionnels et personnels à atteindre. Certaines entreprises mettent en place un programme officiel de mentorat et s'il n'y en a pas, alors c'est à vous d'oser vous rapprocher d'une personne pour qu'elle devienne votre mentor.

Dans son livre *En Avant Toutes*, Sheryl Sandberg met en garde contre un phénomène inquiétant. Depuis quelques années, la quête du mentor parfait est devenue l'équivalent de la quête du Prince charmant et tout le monde sait que ce dernier n'existe pas. Les femmes doivent être actives dans leur recherche, mais elles doivent surtout comprendre que trouver un mentor prend du temps et se construit. Il ne suffit pas de demander à un ou une parfaite inconnue : "Voulez-vous être ma mentor ?"

Et ça, les hommes l'ont bien compris en entretenant leur réseau et en créant de vrais liens. Il existe une multitude de réseaux professionnels, qu'ils soient mixtes ou réservés aux femmes. Les femmes doivent prendre conscience de l'importance d'aller vers l'autre et pas seulement pour l'aider, mais aussi pour être aidées en retour. Rien n'est plus important que les relations humaines.

Témoignage de Julie Payet :

“ J'ai eu la chance d'intégrer une société qui mettait un poids énorme sur le management et la connexion à l'autre.

C'est une société dans laquelle on commençait par te dire quand tu arrivais : "On n'attend rien de toi pendant trois mois, si ce n'est d'être connectée avec les autres, de construire tes relations et de construire ton réseau."

Cela a été une très grande leçon. C'est à partir de là que j'ai vraiment développé ma relation à l'autre et que je suis sortie de cette bulle intellectuelle dans laquelle l'école m'avait mise, et j'ai pu après, grandir. ”

Comme pour les sportives de haut niveau, la clé du succès est de bien s'entourer. S'il est important d'avoir des mentors, ce n'est pas suffisant. Les femmes ont besoin d'avoir des parrains ou marraines (*sponsors* en anglais). Contrairement à un mentor, un parrain ou marraine est une personne qui peut non seulement vous conseiller sur votre carrière, mais aussi contribuer activement à la faire progresser. Il ou elle a du pouvoir au sein d'une organisation et peut utiliser son capital social et sa crédibilité pour défendre votre cause.

Les parrains et marraines ne se contentent pas de conseiller leurs protégés, ils et elles les promeuvent, les protègent, les préparent et les poussent. Si cette opportunité est sous-utilisée aussi bien par les hommes que par les femmes, les hommes trouvent plus facilement des *sponsors* prêts à les aider comme le prouve une étude de la revue Harvard Business (39) qui a constaté que les femmes ont 54 % moins de chances d'avoir un *sponsor* que les hommes.

Et pourtant, les femmes avec un *sponsor* sont 27 % plus susceptibles de demander une augmentation et 22 % plus susceptibles de demander les "missions exceptionnelles" qui leur permettent d'asseoir leur réputation de leader. La vérité est que les *sponsors* placent les femmes dans une meilleure position pour progresser dans l'entreprise.

D'où vient cette disparité ? De la tendance qu'ont les êtres humains à aller vers les personnes qui leur ressemblent. Inconsciemment, nous recherchons des points communs avec toutes les personnes que nous rencontrons, car les similitudes nous font nous sentir plus en sécurité.

Donc plus il y aura des leaders hommes, plus ces derniers aideront d'autres hommes laissant sur le côté des femmes tout aussi méritantes. Vous voyez où je veux en venir ? Mesdames, il est temps de devenir des leaders ! Si vous voulez changer la situation et faire en sorte qu'il y ait plus de femmes en haut de l'échelle, c'est à vous de montrer l'exemple en grimpant les barreaux pour pouvoir leur tendre la main.

Conclusion

"Le leadership n'est pas pour moi."

Je rêve du jour où je n'entendrai plus aucune femme prononcer cette phrase.
J'espère que vous en ferez partie.

Peu importe votre rôle au sein du monde économique et professionnel, vous avez la responsabilité de développer votre leadership.

Oui, je le redis encore une fois : la notion de leadership au féminin est une question de responsabilité.

Il n'y a pas de planète B. Et si nous voulons faire bouger les lignes, nous devons agir.

Développer son leadership n'est pas une question de capacités ni de compétences (bien que vous les ayez sans aucun doute). C'est une question d'envie : l'envie d'apprendre et de se mettre au service de plus grand que soi. Mais plus grand que soi ne veut pas dire le monde. Il ne faut pas faire de hiérarchie. Chaque action de leadership est importante, peu importe sa taille et son échelle. Après tout, l'effet papillon n'a pas fini de nous surprendre...

Le nouveau leadership se résume en trois axes :
- Avoir envie.
- Avoir envie d'apprendre.
- Avoir envie d'être au service de plus grand que vous.

Le monde d'aujourd'hui est un monde systémique. Il n'y a plus de hiérarchie. Tous les morceaux du puzzle sont importants. Chacun et chacune de nous a un rôle à jouer.

C'est le principe des 5 modèles de leadership à impact. Cela veut dire qu'à travers chacun de nos gestes et en prenant des décisions, nous servons quelque chose de plus grand que nous.

Par exemple, être une mère de famille qui prend des décisions quotidiennes pour élever ses enfants, fait preuve de leadership collectif et de leadership sociétal en donnant des clés à son enfant pour devenir un futur citoyen.

La pyramide des 5 modèles de leadership à impact

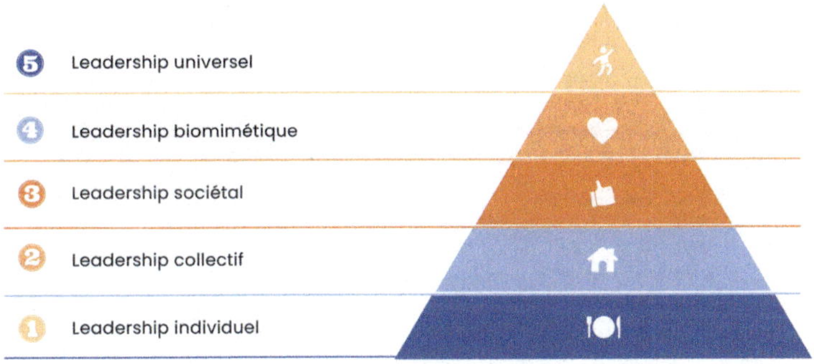

Pour avoir testé ce modèle auprès de mes clients dirigeants et acteurs de ressources humaines, et de mes pairs, coachs en leadership, leurs retours sont unanimes. Ce modèle des nouveaux types de leadership à impact est innovant. Et il permet de prendre conscience de pourquoi on n'arrive pas actuellement à régler la question du sens, de la responsabilité et de l'engagement dans les organisations. On aborde ces problèmes à des niveaux logiques différents, et comme s'ils n'étaient pas reliés entre eux.

Le véritable moteur d'une organisation, c'est le sens que chaque individu lui donne.

Développer son leadership au quotidien et développer son leadership en entreprise sont liés. Les deux se nourrissent l'un de l'autre. Il faut sortir de la vision patriarcale du leadership qui impose une hiérarchie entre des actes. Cette vision me semble totalement dépassée.

Je propose un schéma interconnecté où les implications personnelles rayonnent au départ de la sphère privée jusqu'à s'appuyer sur un réseau viral qui adhère aux valeurs incarnées.

Types de mesures d'impact personnel

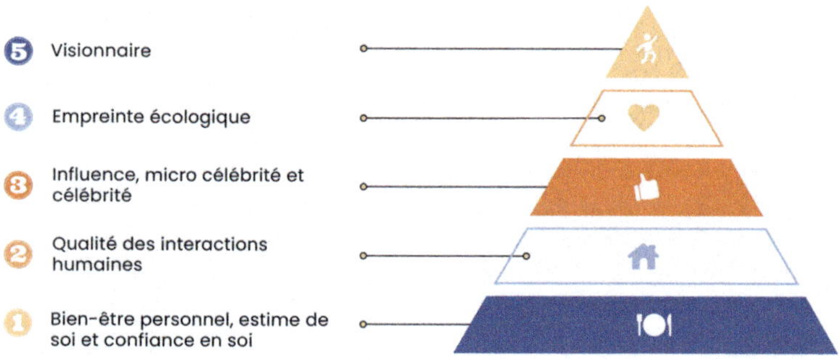

Vous devez prendre conscience du rôle que vous jouez dans la société et dans l'entreprise. C'est la clé : en avoir conscience pour ensuite prendre ses responsabilités individuelles et personnelles. Vous devez parvenir à vous dire que ce que vous faites au quotidien, toutes les décisions que vous prenez ont autant d'importance que quelqu'un qui serait à un niveau hiérarchique plus élevé que vous dans l'entreprise.

Mettez du cœur à l'ouvrage. Donnez du sens à vos actions.

Types de mesures d'impact professionnel

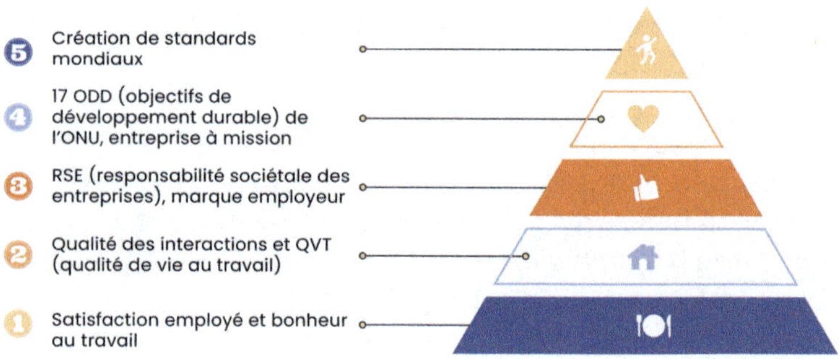

La nouvelle élite, c'est celle du cœur. J'en suis persuadée. Ce n'est plus uniquement celle des grandes familles, des riches, des diplômés de grandes écoles et des postes visibles et importants. C'est une question de conscience et de choix personnel.

Il y a toujours eu une élite et il y en aura toujours une donc il est inutile, voire dangereux, de la rejeter.

La seule question qui reste est donc la suivante :
voulez-vous en faire partie pour avoir un impact ?

Types d'influence à impact

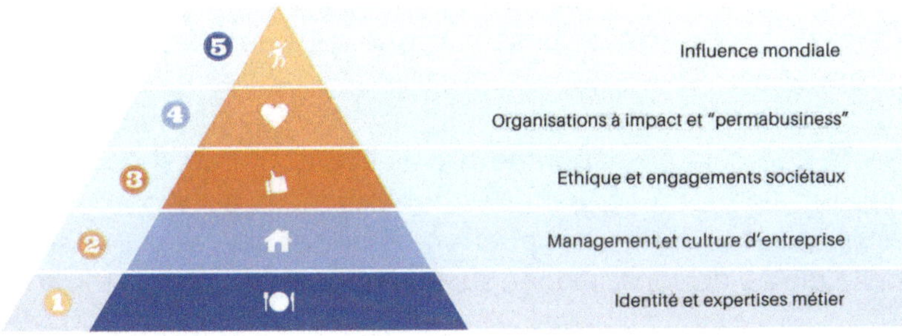

D'autant qu'internet et les réseaux sociaux ont ouvert une fenêtre sur le monde qui donne la possibilité à chacun et chacune de faire entendre librement sa voix et sa singularité en dehors des fléchages obligatoires traditionnels.

Ne passez pas à côté de cette chance qui vous est offerte. Si vous ne voulez pas que les schémas archaïques se perpétuent, si vous voulez faire bouger les lignes, agissez.

Devenez leader. Celle de la nouvelle élite.

Et pour aller plus loin

Vous avez envie de construire un projet professionnel qui vous correspond VRAIMENT.

Vous souhaitez ne plus sauter de travail en travail en espérant trouver par accident l'emploi de vos rêves.

Sans brader vos talents ni renoncer à vos envies.

Vous avez pris la décision que vous serez désormais épanouie dans votre travail ET heureuse dans votre vie. Sans vous épuiser ni sacrifier vos valeurs.

Parce que vous en avez besoin. Et que vous ne savez pas par où commencer.

Parce que cela ne s'apprend pas à l'école. Et que si vous avez appris à faire et à acquérir des compétences pour obtenir des résultats, vous n'avez pas appris à organiser une vie professionnelle pleine de sens, alignée sur vos priorités.

Réussir en empruntant ce nouveau chemin va bouleverser votre vision du travail :)
Je vous propose de construire votre identité professionnelle de cœur, à partir de qui vous êtes, de l'énergie qui vous porte et pas à partir de ce que vous faites (compétences et expériences). C'est exactement pour cela que j'ai créé le programme "Ose ton job de cœur".

On se retrouve de l'autre côté ?
https://www.leadersforagoodplanet.com/

Bibliographie

Hommes, femmes, avons-nous le même cerveau ?
Catherine Vidal, éd. Le pommier 2007

En finir avec la rivalité féminine
Elisabeth Cadoche et Anne de Montarlot, éd. Les Arènes 2022

Le syndrome d'imposture
Elisabeth Cadoche et Anne de Montarlot, éd. Les Arènes 2021

La Supercherie d'Icare
Seth Godin, éd. Diateino 2013

En Avant Toutes
Sheryl Sandberg, éd. JC Lattès 2013

Les émotions au travail
Aurélie Jeantet, éd. CNRS 2018

Manuel diagnostique et statistique des troubles mentaux
(texte révisé) American Psychiatric Association, éd. Elsevier Masson 2023

Burn-out : The High Cost of High Achievement
Herbert J. Freudenberger, éd. Bantam books 1981

Bullshit Jobs
David Graeber, éd. Simon & Schuster 2019

Éliminer la souffrance au travail
François Baumann, éd. Josette Lyon, 2019

Why does patriarchy persist ?
Carol Gilligan & Naomy Snyder, éd. Polity Press 2018

Le soin est un humanisme
Cynthia Fleury, éd. Tracts Gallimard 2019

Les intelligences multiples
Howard Gardner, éd. Retz 2008

The art of exceptional living
Jim Rohn, éd. Sound Wisdom 2022

Podcast

https://music.amazon.fr/search/sandrine+Godefroy+evangelista ?filter=IsLibrary %7Cfalse&sc=none
Il y a une différence entre faire rien et ne rien faire
Sandrine Godefroy-Evangelista
Comment développer une culture d'entreprise qui sert sa croissance ?
Sandrine Godefroy-Evangelista

TED Talk
https://www.youtube.com/watch?v=RVmMeMcGc0Y
Fake it until you make it
Amy Cuddy

Références et sources

1. https://lnt.ma/baccalaureat-2022-un-taux-de-reussite-chez-les-filles-nettement-plus-eleve-que-chez-les-garcons/

2. Programme international de recherche en lecture scolaire faisant partie du programme de l'International Association for the Evaluation of Educational Achievement

3. https://www.education.gouv.fr/filles-et-garcons-sur-le-chemin-de-l-egalite-de-l-ecole-l-enseignement-superieur-edition-2019-11861#:~ :text=D'un %20 meilleur %20niveau %20scolaire,et %20STL) %20sont %20 des %20filles.

4. Hommes, femmes, avons-nous le même cerveau?, de Catherine Vidal, éd. Le pommier, 2007

5. https://www.nytimes.com/1981/03/22/magazine/the-cinderella-syndrome.html

6. https://www.tallestpoppy.ca/

7. En finir avec la rivalité féminine, Elisabeth Cadoche et Anne de Montarlot, éditions Les Arènes

8. https://www.paulineroseclance.com/pdf/ip_high_achieving_women.pdf

9. Selon un article de synthèse publié dans l'International Journal of Behavioral Science, on estime que 70 % des personnes éprouvent ce sentiment d'imposture à un moment donné de leur vie.

10. Une étude menée par Hewlett-Packard en 2014 révélait que les hommes postulaient pour un travail pour lequel ils n'avaient que 60 % des qualifications requises alors que les femmes attendaient de correspondre à 100 %

11. https://www.welcometothejungle.com/fr/articles/les-femmes-qui-parlent-d-argent-ne-sont-pas-des-garces-elles-sont-lucides

12. https://ec.europa.eu/eurostat/fr/web/products-datasets/product?code=tesem180

13. Association pour l'emploi des cadres

14. https://www.questiondebudget.fr/wp-content/uploads/2019/07/CP_Cofidis_La-situation_financiere_des_femmes_VF.pdf

15. https ://weekend.levif.be/lifestyle/une-femme-qui-gagne-plus-que-son-conjoint-est-source-de-stress/

16. https://www.garance-et-moi.com/etude-ifop-les-femmes-au-travail

17. https://business.udemy.com/wp-content/uploads/2016/12/2016_udemy_workplace_boredom_study.pdf?utm_campaign=boredom-report&utm_medium=form&utm_source=download

18. https://www.qapa.fr/news/francais-ennuie-travail-262/

19. https://www.20minutes.fr/societe/2461043-20190227-pourquoi-donc-femmes-ennuient-elles-travail

20. Le cabinet de conseil américain et l'ONG fondée par Sheryl Sandberg, numéro deux de Facebook, ont sondé 65.000 employés, des deux sexes, au sein de 423 sociétés outre-Atlantique.

21. Le cabinet de conseil américain et l'ONG fondée par Sheryl Sandberg, numéro deux de Facebook, ont sondé 65.000 employés, des deux sexes, au sein de 423 sociétés outre-Atlantique.

22. Spécialisé en risques psychosociaux et qualité de vie au travail, en partenariat avec OpinionWay

23. https://youmatter.world/fr/inaction-entreprises-vecteur-desengagement-salaries/

24. David Graeber, à la RTS (Radio Télévision Suisse) https://www.rts.ch/info/economie/9972629-les-bullshit-jobs-le-brownout-ou-quand-le-travail-perd-tout-son-sens.html

25. https://www.20minutes.fr/economie/3061635-20210623-faut-faire-moins-fois-vie-pourquoi-bilan-competences-cartonne-depuis-crise-sanitaire

26. https://www.imagreen.fr/actualites/barometre-imagreen-kantar-cout-rse/

27. https://www.ncbi.nlm.nih.gov/pmc/articles/PMC4894290

28. Pourquoi les femmes sont-elles moins bien soignées que les hommes ?, Marie Claire https://www.marieclaire.fr/,sexisme-medecine,20258,505542.asp

29. https://www.inegalites.fr/femmes-hommes-salaires-inegalites

30. https://www.inegalites.fr/L-inegale-repartition-des-taches-domestiques-entre-les-femmes-et-les-hommes#nb1

31. https://madame.lefigaro.fr/societe/cynthia-fleury-les-femmes-sont-contraintes-de-casser-les-codes-251116-117991

32. https://corporate.apec.fr/home/nos-etudes/toutes-nos-etudes/barometre-sourcing-cadres-retros.html

33. https://journals.sagepub.com/doi/full/10.1177/2158244017725796

34. https://www.cairn.info/revue-le-travail-humain-2021-2-page-139.htm

35. https://www.intelligence-artificielle-school.com/actualite/ia-conquete-data-emotionnelle/

36. https://www.talentsmarteq.com/articles/emotional-intelligence-can-boost-your-career-and-save-your-life/#:~ :text=Of %20all %20the %20people %20we,but %20 the %20chances %20are %20slim

37. https://journals.plos.org/plosone/article?id=10.1371/journal.pone.0246576

38. Alors que l'expérience originale comptait 42 sujets (21 dans chaque condition), Ranehill et coll.. en comptaient 200. Les expérimentateurs n'ont pas été informés de la condition dans laquelle se trouvait chaque sujet afin d'éviter tout biais de la part de l'expérimentateur.

39. https://www.fastcompany.com/3050430/why-women-need-career-sponsors-more-than-mentors

Remerciements

J'adresse mes remerciements chaleureux à toutes les personnes qui ont collaboré, de près ou de loin, à cette aventure d'écriture. Et plus particulièrement :

À mon éditrice Annick pour avoir cru en mon projet alors qu'il était au stade de l'idée.

Aux vingt-deux merveilleuses femmes qui ont accepté d'être interviewées et qui ont partagé avec bienveillance et humilité leurs expériences.

À Anne et Cléolia pour leur travail et nos échanges nourrissants.

À mon mari Thierry et à mes amies Julie et Isabelle pour leur soutien indéfectible.

Table des matières

Ce livre fait partie de la collection **Boss Generation**

www.bb4books.com

Couverture et mise en page : Véronique Lux
Illustrations : cartoonbase

Dépôt légal : D/2023/15305/10
ISBN : 978-2-931157-09-1

Printed in Great Britain
by Amazon

30321738R00076